DRESDEN
LEBENSART, KULTUR & IMPRESSIONEN

Weltbild

29
DIE STADT DER KÜNSTE präsentiert sich sowohl barock als auch der Ästhetik des 19. Jahrhunderts verbunden

118
BIZARRE FELSEN sind das Markenzeichen des Elbsandsteingebirges in der Sächsischen Schweiz vor den Toren Dresdens

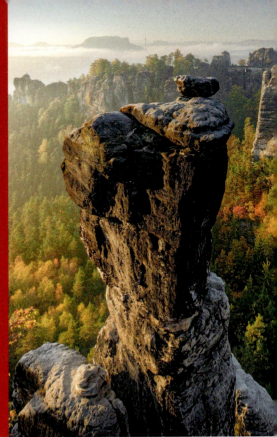

4–21

ENTRÉE
Dem einzigartigen Flair der Stadt kann sich kaum ein Besucher entziehen – sehen Sie selbst! Außerdem zum Einstieg: die wichtigsten Sehenswürdigkeiten Dresdens auf einer Karte und ein paar wissenswerte Daten zu Dresden.

22–45

DRESDNER ALTSTADT
Nirgendwo flaniert man schöner: über die Brühlsche Terrasse mit Elbe-Blick, prachtvolle Plätze wie an der Frauenkirche, durch heimelige Gassen oder den Zwinger, Inbegriff barocker Festkultur.

DUMONT EXTRA DRESDNER CHRISTSTOLLEN
Er ist ein Exportschlager und darf im Advent auf keiner Dresdner Kaffeetafel fehlen: original Dresdner Christstollen, nur echt mit dem goldenen Gütesiegel.

46–69

KULTURSTADT DRESDEN
Man hat die Qual der Wahl, so vielfältig und hochwertig ist das Angebot in Museen, Semperoper und Staatsschauspiel neben jeder Menge Kleinkunstbühnen und Festivals.

DUMONT EXTRA KULTURFÖRDERUNG
Modernes Management ist der Schlüssel, um die ererbten Kunstschätze gewinnbringend zu vermarkten und eine Brücke ins 21. Jahrhundert zu schlagen.

70–93

GRÜNES DRESDEN
Nicht nur an der Elbe grünt es an Hängen und auf Wiesen. Große Parks bilden die Ruheinseln der Stadt und das riesige Waldgebiet der Dresdner Heide macht Wanderer glücklich.

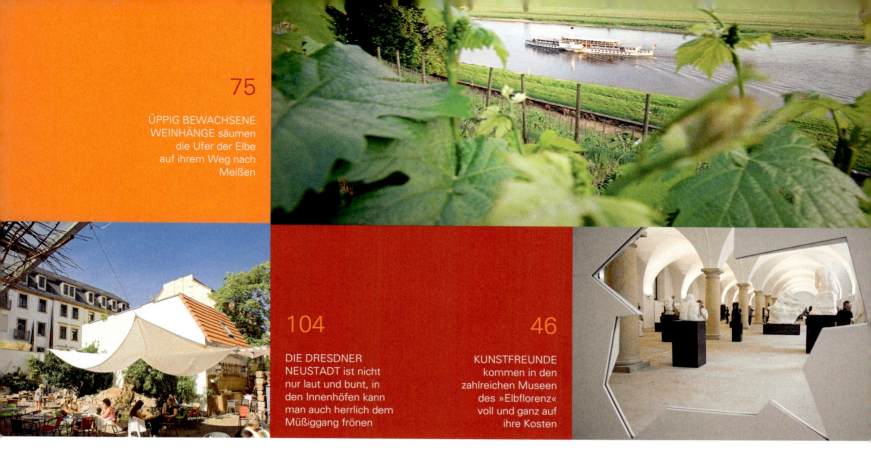

75

ÜPPIG BEWACHSENE WEINHÄNGE säumen die Ufer der Elbe auf ihrem Weg nach Meißen

104

DIE DRESDNER NEUSTADT ist nicht nur laut und bunt, in den Innenhöfen kann man auch herrlich dem Müßiggang frönen

46

KUNSTFREUNDE kommen in den zahlreichen Museen des »Elbflorenz« voll und ganz auf ihre Kosten

94–117

DRESDENS NEUSTADT
Unterschiedlicher geht es kaum: hier das gediegene Barockviertel am Goldenen Reiter, dort die quirlige Alternativszene der Äußeren Neustadt. Außergewöhnliche Eindrücke sind garantiert.

DUMONT EXTRA KÄSTNERS VIERTEL
Seine Liebe zu Dresden hat er oft beschrieben. Erich Kästner ist in der Neustadt aufgewachsen und die Erinnerung an ihn ist dort an vielen Ecken noch lebendig – eine Spurensuche.

118–143

SÄCHSISCHE SCHWEIZ UND ELBLAND
Die schroffen Felsen des Elbsandsteingebirges inspirierten schon früh Maler und Dichter. Gen Meißen bestimmen Weinberge das Bild.

DUMONT EXTRA SÄCHSISCH-BÖHMISCHE SCHWEIZ
Natur kennt keine Grenzen. Mittlerweile verbinden Elberadweg und öffentliche Verkehrsmittel auch die Menschen in Sachsen und Böhmen.

144

ANHANG
Register
Impressum
Abbildungsnachweis

SCHÖNHEIT MIT BAROCKEN FORMEN

DIE DIVA INSZENIERT SICH meisterhaft. Im strahlenden Sonnenlicht lässt sie ihren goldenen Schmuck auf Türmen und Kuppeln glitzern. In der Dämmerung zeigt sie ihr schönes Gesicht gleich doppelt, wenn die Elbe das grandiose Altstadtpanorama spiegelt. Und in der Nacht gibt sie sich geheimnisvoll im Schein von Gaslaternen. Am besten nähert man sich ihr von der Neustädter Seite, zu Fuß über die Augustusbrücke. So präsentiert sie ihre schönsten Formen: Die Brühlsche Terrasse mit der Frauenkirche im Hintergrund; Schloss, Hofkirche und Theaterplatz mit Semperoper. Dahinter der Zwinger mit seinem herrschaftlichen Kronentor und dem verspielten Nymphenbad. Kunst ist allgegenwärtig – in den bedeutenden Museen, der Oper, den Kirchen, im Schauspielhaus und auf unzähligen kleinen Bühnen. Die Elbe schlängelt sich in sanften Bögen durch die Stadt, gesäumt von üppig bewaldeten Hängen mit Schlössern, Villen und Weinterrassen. Die Dresdner lieben ihre Kulturlandschaft und nutzen jeden Sonnenstrahl, um sich auf den naturbelassenen Elbwiesen zu rekeln, in Biergärten den heimischen Reb- und Gerstensaft zu genießen oder ausgelassene Straßenfeste zu feiern. Besonders bunt geht es im Szeneviertel Neustadt zu. Ruhe und Erholung findet man nahe der Stadt in der bizarren Felslandschaft des Elbsandsteingebirges der Sächsischen Schweiz.

SCHÖNHEIT, ANMUT, HEITERKEIT – dieser Dreiklang bestimmt den barocken Zwinger mit seinem reichen Figurenschmuck. Hier eine Frauenplastik im Nymphenbad.

DATEN UND FAKTEN

DRESDEN HEUTE

GEOGRAFISCHE LAGE: Dresden liegt im Südosten des Freistaates Sachsen am Übergang vom Nordostdeutschen Tiefland zu den östlichen Mittelgebirgen. In etwa 111 m über dem Meeresspiegel ist die Stadt äußerst reizvoll eingebettet in die Elbtalweitung zwischen dem östlichen Erzgebirge, der Lausitzer Granitplatte und dem Elbsandsteingebirge. Das feuchtmilde Klima des Elbtals fördert eine üppige Vegetation. Nach Eingemeindungen erstreckt sich das Stadtgebiet über 328,5 m² entlang der Elbe. Bis zu 150 m breit wird der Fluss, der sich über 30 km malerisch durch Dresden schlängelt. Die Hälfte der städtischen Fläche ist mit Grün bedeckt; allein das Waldgebiet der Dresdner Heide macht etwa 50 Quadratkilometer aus, hinzu kommen etliche Parkanlagen und die Elbhänge. Drei Naturschutzgebiete und elf Landschaftsschutzgebiete sind in der Stadt ausgewiesen.

EINWOHNER: Die Landeshauptstadt gehört zu den wenigen wachsenden Städten Ostdeutschlands. Mit 518 000 Einwohnern hat sie Leipzig mittlerweile überholt. Migranten bilden mit 4 Prozent einen geringen Anteil der Bevölkerung.

WIRTSCHAFT: Als Forschungsstandort übt die Stadt eine anhaltende Anziehung auf die Hightechindustrie aus. Die Zahl der Beschäftigten wächst, die Arbeitslosenquote sinkt (August 2010: 10,9 %). Dabei findet sich in Dresden kaum Großindustrie. Mittelständische und Kleinunternehmen sind die Hauptakteure. Die wichtigste Berufsgruppe sind die Freiberufler, die zumeist Architektur- und Ingenieurbüros oder Laboreinrichtungen betreiben, gefolgt von Handel und Baugewerbe. Den größten Zuwachs verzeichnet der Dienstleistungssektor. Besonders umworben und lukrativ für die Stadt sind die Touristen.

GESCHICHTE

1206 Der Ort wird als »Dresdene« erstmals urkundlich erwähnt.
1292 Dresden erhält das Stadtrecht.
1423 Sachsen wird Kurfürstentum, Residenz ist Meißen.
1464 Die Wettiner verlegen ihre Residenz nach Dresden. Das dortige Schloss, von Markgraf Wilhelm I. einst vergrößert, wird weiter ausgebaut.
1491 Ein Großbrand zerstört die halbe Stadt.
1539 Herzog Heinrich der Fromme unterstützt die Reformation, Sachsen wird protestantisch.
1547 Herzog Moritz erhält die sächsische Kurwürde für die albertinische Linie der Wettiner.
1560 Im Residenzschloss wird die Kunstkammer eingerichtet.
1694 Friedrich August I. (August der Starke) wird nach dem überraschenden Tod seines älteren Bruders Kurfürst und regiert bis
1733 In dieser Zeit werden Zwinger und die Schlossanlagen in Pillnitz und Moritzburg erbaut. In der Dresdner Altstadt entstehen Kreuzkirche und Frauenkirche. 1697 erlangt Friedrich August I. die polnische Krone und ist damit als August II. auch König von Polen.
1710 Auf der Albrechtsburg in Meißen wird die Porzellan-Manufaktur gegründet.
1806 Nach dem Beitritt zum Rheinbund wird Sachsen Königreich von Napoleons Gnaden. In der Folge werden zwei Drittel des sächsischen Territoriums 1815 auf dem Wiener Kongress Preußen zugesprochen.
1830 Sachsen erhält die erste Verfassung.
1837 Gründung der Sächsisch-Böhmischen Dampfschifffahrtsgesellschaft.
1839 Bahnlinie Dresden–Leipzig wird eröffnet.
1842 Richard Wagner wird Hofkapellmeister am von Gottfried Semper neu gebauten Hoftheater.
1849 Die Revolution erreicht Dresden. Der Maiaufstand, an dem auch Gottfried Semper und Richard Wagner beteiligt sind, wird niedergeschlagen. Architekt und Komponist fliehen aus Dresden.
1901 Die erste Bergschwebebahn der Welt wird am Loschwitzer Elbhang eröffnet.
1908 Gründung der Gartenstadt Hellerau und der Deutschen Werkstätten.
1920 Dresden wird Hauptstadt des Freistaates Sachsen.
1933 Nationalsozialisten treiben DDP-Oberbürgermeister Wilhelm Külz aus dem Amt.
1945 Britische und amerikanische Bombenangriffe zerstören das Stadtzentrum (13.–15. Februar). Am 8. Mai besetzt die sowjetische Armee die Stadt.
1952 Nach der Gründung der DDR (1949) wird das Land Sachsen aufgelöst und Dresden Bezirkshauptstadt.
1989 Proteste gegen das DDR-Regime werden mit massiven Polizeieinsätzen und Festnahmen rund um den Dresdner Hauptbahnhof beantwortet, während Züge mit DDR-Flüchtlingen aus der Prager Botschaft der Bundesrepublik durch Dresden rollen.
1990 Nach der Wiedervereinigung wird Dresden erneut Landeshauptstadt des Freistaates Sachsen.
2002 Beim »Jahrhunderthochwasser« wird mit den Wohngebieten entlang der Elbe auch die Dresdner Altstadt überflutet.
2004 Das Grüne Gewölbe kehrt mit seinen Kunstschätzen ins Residenzschloss zurück.
2005 Am Reformationstag wird die seit 1993 wiederaufgebaute Frauenkirche geweiht.
2010 Durch steigende Geburtenraten und anhaltende Zuzüge wird Dresden zur einwohnerstärksten Stadt Sachsens (518 000 Einw.).

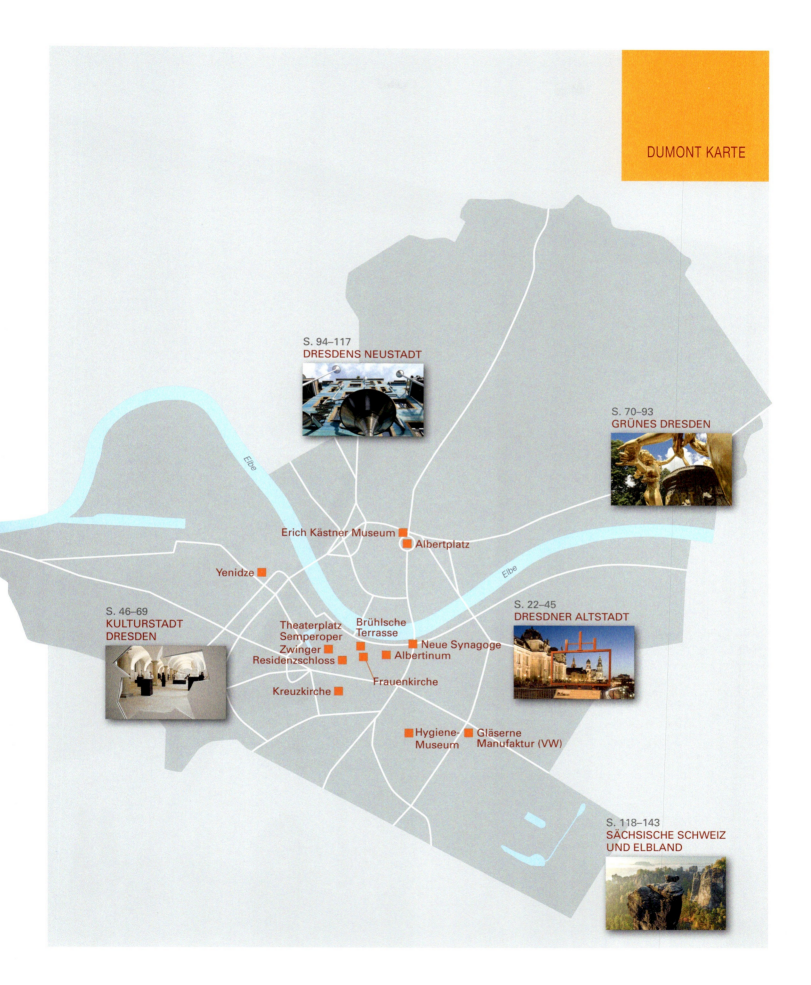

MODERNE TAGUNGSSTÄTTE

Dresden macht sich auch als Kongressstadt einen Namen. Das Internationale Congress Center Dresden am südlichen Elbufer schließt sich an den modernen Landtagsbau an. Der Glaspalast imitiert nicht nur die Kurven des Flusses, sondern zitiert mit seiner breiten Freitreppe darüber hinaus die Brühlsche Terrasse.

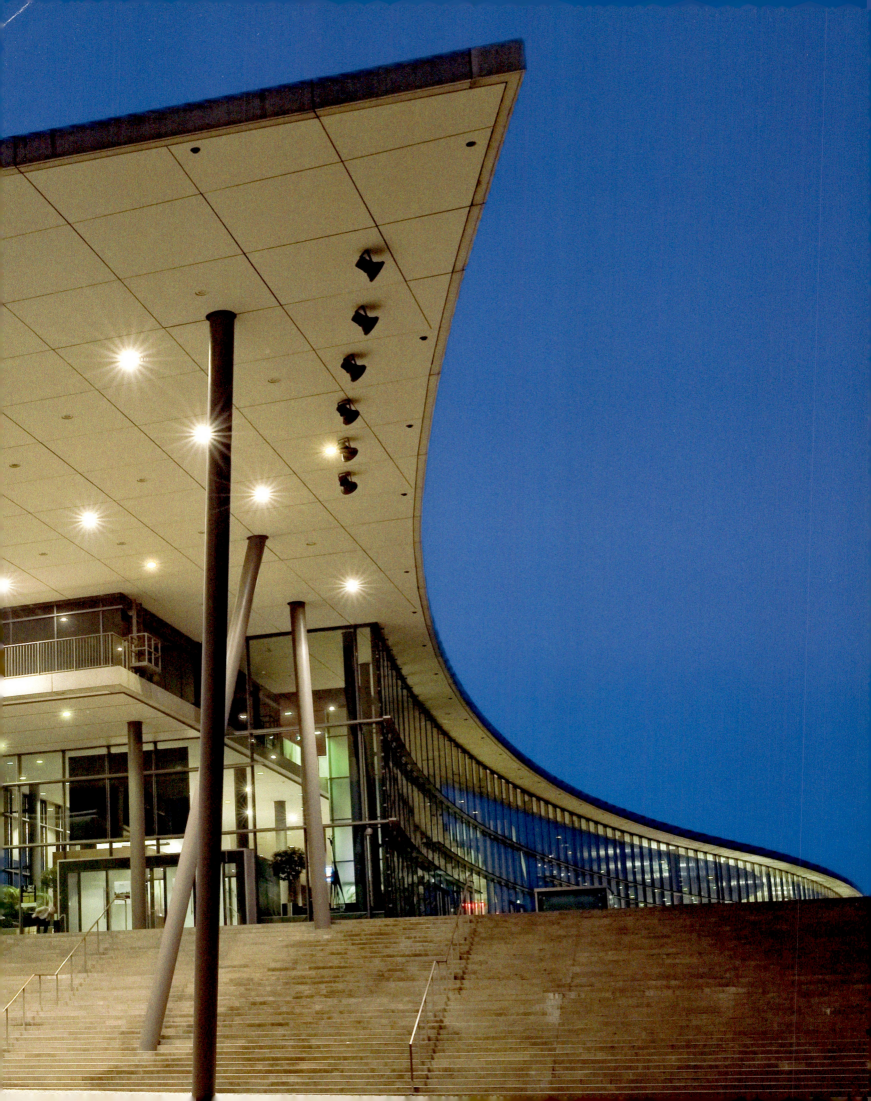

ELBFLORENZ

Das berühmte Dresdner Panorama im Spiegel der Elbe. Unterhalb der Brühlschen Terrasse liegt die Weiße Flotte der Ausflugsdampfer vor Anker. Darüber ragen die Kuppeln von Kunstakademie und Frauenkirche und die Türme des Residenzschlosses und der Hofkirche in den Himmel.

BÜHNE FREI FÜR DIE OPER

Die Tiefe des Bühnenraums und seine technischen Finessen bleiben dem Publikum bei den Aufführungen in der Semperoper verborgen. Hier wird gerade die Beleuchtung für eine Neuinszenierung von Richard Strauss' Oper »Arabella« geprobt, die – wie viele Strauss-Opern – in Dresden uraufgeführt wurde.

KUNST ERLEBEN

Diese Kunstwerke haben schon den jungen Johann Wolfgang von Goethe beeindruckt. Die Jugend von heute könnte sich den Weg in die Gemäldegalerie Alte Meister zwar sparen, denn sie ist im Internet virtuell erlebbar. Doch live ist sie einfach besser.

INDUSTRIE TRIFFT KULTUR

Auch wenn es nicht so aussieht: Hier werden Autos gebaut. Die Gläserne Manufaktur zelebriert den Herstellungsprozess ihrer Luxuslimousinen. Wer sie sich nicht leisten kann, hat immerhin die Chance, in ihrer Nähe zu speisen oder Livemusik zu erleben.

ALT UND NEU

Diese Kombination gelingt nicht immer, doch darf man den Dresdner Städteplanern der Nachwendezeit gratulieren: Dresden hat den Drahtseilakt geschafft, alte Bausubstanz und moderne Architektur gekonnt zu verbinden – wie hier am Sächsischen Wirtschaftsministerium.

MAGISCHES FELSENMEER

Geheimnisvoll gibt sich die urwüchsige Landschaft in der Sächsischen Schweiz. Mit seinen schroffen Felsentürmen hat das Elbsandsteingebirge die Maler der Deutschen Romantik in seinen Bann gezogen – und bis heute nichts von seiner Faszination verloren.

DRESDNER ALTSTADT

Dresden und die Elbe, das ist eine glückliche Verbindung – trotz des Makels, den sich die Stadtverwaltung mit der Aberkennung des UNESCO-Welterbetitels zugezogen hat. Die Touristen strömen weiterhin in das Elbtal, in dem Dresdens barocke Altstadt anmutig mit breiten Auen und grünen Hängen korrespondiert. Die Stadt ist schließlich eine Verheißung – für höchste Kunstgenüsse, prächtige Architektur und den Willen, ihre in einer Kriegsnacht zerstörte Schönheit wiederzuerlangen.

EGAL AUS WELCHEM BLICKWINKEL – Dresdens Altstadtsilhouette sieht immer aus wie gemalt. Von der Brühlschen Terrasse aus sind Museen und Sehenswürdigkeiten bequem zu Fuß zu erreichen.

BESSER ALS DAS ORIGINAL ist angeblich das 360-Grad-Panorama mit dem Blick des Künstlers Yadegar Asisi von Dresden im Jahre 1756. In einem alten Gasspeicher in Dresden-Reick gibt es von der zwölf Meter hohen Aussichtsplattform manches liebevolle Detail zu entdecken.

MIT DER ELBE IM BUND

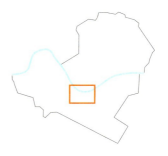

Die Hotels haben WLAN-Anschluss, in der Gläsernen Manufaktur werden moderne Luxuslimousinen gebaut, die Mikroelektronik-Industrie hat ihr Herz für Dresden längst entdeckt, und wer will, kann die berühmte Gemäldegalerie auch virtuell besuchen. Doch »modern« ist nicht das Attribut, das einem als Erstes zu Dresden einfällt. Frauenkirche und Zwinger, der historisierend umbaute Neumarkt und natürlich die unermesslichen Kunstschätze aus barocker Zeit sind die Anziehungspunkte der Stadt.

PRACHT UND ZERSTÖRUNG Im Kern ist Dresdens Altstadt noch nicht einmal einen Quadratkilometer groß. Mehr Platz benötigten die Stadtgründer nicht, von denen man annimmt, dass es Kaufleute waren, die im 12. Jahrhundert an der Elbe im Schnittpunkt der westöstlichen Fernhandelsstraßen siedelten. Eine Burg wurde erst im folgenden Jahrhundert gebaut und unter der Herrschaft der Wettiner beständig zum Residenzschloss vergrößert. Um dieses in diesen Tagen aufwendig rekonstruierte Schloss gruppieren sich all jene Prachtbauten, die Dresdens Altstadtsilhouette entlang der Elbe berühmt gemacht haben. Doch nicht nur das Barockzeitalter hat das Erscheinungsbild der Stadt geprägt. Gleich zwei Mal baute Gottfried Semper im 19. Jahrhundert sein Opernhaus am Theaterplatz – das erste war 1869 einem Brand zum Opfer gefallen. Und auch das zweite lag in Schutt und Asche am Ende jenes fatalen Bombardements britischer und amerikanischer Kampfverbände, die Dresden am 13. Februar 1945 heimsuchten. Die Frauenkirche mit den umliegenden barocken Bürgerhäusern am Neumarkt, der Zwinger, der Altmarkt, die Flanier- und Einkaufsmeile Prager Straße – alles war zerstört.

AN DER PRAGER STRASSE zeigt sich die Architektur auch mal hochmodern. Der gläserne Kinopalast wirkt wie ein aus dem Himmel herabgestürzter Kristall.

IKONE DES WIEDERAUFBAUS Gleich nach dem Krieg machte man sich daran, den Zwinger wieder in seine ursprüngliche Form zu bringen. Die Semperoper entstand in den 1980er-Jahren neu. Doch für das Residenzschloss fehlte nicht nur das Geld, sondern in der sozialistischen DDR wohl auch der Wille. Das galt erst recht für die Frauenkirche, die als Ruine besser zum Mahnmal für den Frieden zu taugen schien. Dabei hätte es nach Ansicht vieler auch bleiben können, nachdem die DDR sich aufgelöst hatte. Doch die Sehnsucht nach dem alten Stadtbild war stärker. Seit 1743 war es von der mächtigen barocken Sandsteinkirche mit der 40 Meter hohen Kuppel geprägt worden. Unter Führung des Trompeters Ludwig Güttler warben engagierte Bürger 1990 mit ihrem »Ruf aus Dresden« um Spenden für den Wiederaufbau. Daraus entwickelte sich eine beispiellose Kampagne, die aus aller Welt mehr als 100 Millionen Euro zusammenbrachte. Die restlichen 70 Millionen Euro kamen aus öffentlicher Hand. Als am Reformationstag 2005 die neue Frauenkirche feierlich geweiht wurde, zweifelte niemand mehr daran, dass sie fortan als Zeichen für Versöhnung ihre Daseinsberechtigung haben würde. Zumal das Kuppelkreuz von Spendern aus Großbritannien gestiftet und von Alan Smith geschaffen wurde, dem Sohn eines britischen Piloten, der am Bombardement Dresdens beteiligt gewesen war.

SEHEN UND GESEHEN WERDEN Vom Neumarkt sind es wenige Schritte Richtung Elbe zum »Balkon Europas«, der Brühlschen Terrasse. Den Elbwall mit den alten Befestigungsanlagen hatte Friedrich August II. seinem Vertrauten, dem Grafen Heinrich von Brühl, geschenkt. Er ließ dort eine adlige Flaniermeile errichten, durch kunstvoll angelegte Gärten und vorbei an heiteren barocken Palais. Flaniert wird hier heute immer noch gern, mit Blick auf die Elbe, auf der die historischen Raddampfer der Weißen Flotte vorbeischaufeln. Doch einzig die Sekundogenitur, ein Gebäude, das wohl vom jeweils Zweitgeborenen des Hauses Wettin genutzt wurde, erinnert noch an die Architektur des 18. Jahrhunderts. Die Kunstakademie – deren Kuppel im Volksmund liebevoll »Zitronenpresse« genannt wird – und das Albertinum sind Bauwerke des 19. Jahrhunderts. Nach Osten hin endet die Terrasse vor der spektakulären Neuen Synagoge. Ihre beiden Würfelbauten sind nur scheinbar aus Sandstein, tatsächlich handelt es sich um gefärbten Beton. Das schmale Grundstück am Hasenberg bot nicht genügend Platz für die vom jüdischen Glauben geforderte Ostausrichtung des Gebetssaales. So schufen die Saarbrücker Architekten Wandel, Hoefe, Lorch und Hirsch einen fensterlosen Quader in versetzten Schichten, die sich buchstäblich in die Höhe schrauben und an der Traufkante genau nach Osten weisen.

AUS UNGEWOHNTER PERSPEKTIVE: der Eingang zum Zwinger, dem berühmtesten Bauwerk Dresdens.

OBEN | NICHT NUR DER HOF, auch Dresdens Bürger hatten schon immer ein Faible für Pracht und Herrlichkeit. Der Weg zum Festsaal des Neuen Rathauses führt durch ein kunstvoll gestaltetes Jugendstil-Treppenhaus. UNTEN | DIE NEUE SYNAGOGE besticht auch im Inneren mit klarer Formensprache und edlen Materialien. In dem hölzernen Kubus befindet sich der Gebetsraum. RECHTS | EIN HAMBURGER setzte sich mit seiner Architektur in Dresden sein eigenes Denkmal. Gottfried Semper war Professor an der Königlichen Akademie der bildenden Künste. Er prägte den Theaterplatz mit der Gemäldegalerie des Zwingers und dem Opernhaus.

SCHÖNES FÜR KUNST UND KOMMERZ

ITALIENISCHE EINFLÜSSE Eine große Freitreppe führt von der Brühlschen Terrasse auf den Schlossplatz mit der ehemaligen Katholischen Hofkirche. August der Starke war 1697 zum Katholizismus konvertiert, um die polnische Königskrone erlangen zu können. Seinem protestantischen Volk wollte er den Glaubenswechsel nicht verordnen und ließ die katholischen Gottesdienste deshalb im Hoftheater feiern. Der italienische Baumeister Gaetano Chiaveri kam erst unter Friedrich August II. zum Zuge. Er entwarf Sachsens größte katholische Kirche mit dem 86 Meter hohen Turm und einer auffälligen Balustrade, für die der Bildhauer Lorenzo Matielli 59 überlebensgroße Heiligenfiguren beisteuerte.

WALZER UNTERM DENKMAL An König Johanns Reiterstandbild auf dem Theaterplatz geben Straßenmusiker gern ihr Bestes – nicht immer nur ein Wohlgenuss, vor allem, wenn man gerade die Staatskapelle in der Semperoper gehört hat. Schöner ist es aber auf dem Theaterplatz, wenn zu Jahresbeginn dort die große Leinwand den festlichen Opernball zeigt. Während die zahlungskräftigen Gäste in der Semperoper feiern, tanzen die Dresdner bei Minusgraden zu den Walzerklängen der Staatskapelle auf dem Platz. So sieht Festkultur in Dresden aus.

ZWECKMÄSSIG FÜR DEN BUMMEL Ausgerechnet am Altmarkt mit der ehrwürdigen Kreuzkirche beginnt Dresden, sich modern zu zeigen. Über die Lichtmasten und Hotelneubauten am Markt haben sich die Dresdner ebenso echauffiert wie über die Gestaltung der Straßenbahnhaltestellen am Postplatz und die Kaufhäuser entlang der Fußgängerzone Prager Straße. Natürlich ist nichts davon so schön wie vor dem Krieg. Doch etliches besser als zu DDR-Zeiten. Die Plattenbauten wurden bunt zurechtgemacht, die Einkaufsmeile mit lang gestreckten Wasserbecken und Springbrunnen aufgehübscht, und mit der Centrum-Galerie wurde ein zweiter Einkaufsstempel geschaffen, der die lange Zeit vorherrschenden Discounter und Billigboutiquen überstrahlt. Und in der erweiterten Altmarktgalerie finden zudem auch ausgeprägte Fashion Victims Gelegenheit, ihr Geld für international führende Modelabels auszugeben.

IN DER ALTMARKTGALERIE kaufen nicht nur die Dresdner gerne ein. Am Wochenende strömen auch die Nachbarn aus Polen und Tschechien in das elegante Einkaufsparadies.

SINFONIE IN SANDSTEIN

Nicht von ungefähr steht das Denkmal König Johanns im Zentrum des Theaterplatzes. Die Semperoper im Rücken, den Blick Richtung Hofkirche, zur Rechten den Zwinger und links die Elbe – so hätte auch der schöngeistige Wettiner Dresden als Vorgeschmack des Himmels empfunden.

OBEN | DIE KUPPEL DER FRAUENKIRCHE ist mit Darstellungen der Evangelisten Matthäus, Markus, Lukas und Johannes sowie der Tugenden Glaube, Liebe, Hoffnung und Barmherzigkeit geschmückt. LINKS | BLICK IN DEN INNENRAUM der Frauenkirche. Ein Straßburger Orgelbauer trat 2005 in die Fußstapfen des berühmten Gottfried Silbermann, der das Vorgängerinstrument gebaut hatte. Der Altar konnte nahezu vollständig aus den Trümmern geborgen und wiedererrichtet werden.

HIER WAR LANGE ZEIT EIN NICHTS, doch nach dem Wiederaufbau der Frauenkirche wollten die Dresdner auch die ursprüngliche Platzgestaltung des Neumarktes wieder haben. Die Kirche sollte ihren Rahmen zurückbekommen – und Dresdens Mitte ihre alte Lebendigkeit.

IM GEGENSATZ zur Frauenkirche ist das bronzene Luther-Denkmal von 1885 ›echt alt‹. Beim Bombardement im Februar 1945 war Luther vom Sockel gefallen und schwer beschädigt worden.

ALLES NEU: Die Piazza, die Kirche und die barocken Bürgerhäuser. Anhänger des alten Dresden haben hier um jede Gaube gekämpft – aber nicht immer gewonnen.

HINTER DEN BAROCK anmutenden Fassaden am Neumarkt verbergen sich moderne Wohn-, Büro- und Geschäftshäuser wie die Einkaufsgalerie im »Quartier an der Frauenkirche«, kurz QF genannt.

DRESDENS MITTE

DIE FRAUENKIRCHE markiert seit jeher den Mittelpunkt der Altstadt. Schnell war deshalb die kriegsbedingte Brache in ihrem Umfeld den Dresdnern ein Dorn im Auge. Der einstmals so pulsierende Neumarkt mit seinen barocken Bürgerhäusern und dem prächtigen Cosel-Palais fehlte ihnen. Nun ist er wieder da – als Mix aus historisierenden und modernen Fassaden –, schmuck genug, um von den einen als barockes »Disneyland«, von anderen als unentschlossen geschmäht und von lachenden Dritten als zentraler Begegnungsort genutzt zu werden, mit Einkaufszentrum und Straßencafés zum Bummeln, Schauen und Verweilen. Auf dem Friedhofsgelände der ersten Frauenkirche aus dem 11. Jahrhundert errichtete George Bähr den monumentalen Barockbau, der 1743 fertiggestellt wurde. Genau 250 Jahre später begann der Wiederaufbau der zerstörten Frauenkirche, die nun wieder Dresdens Hauptattraktion ist.

AN LAUEN SOMMERABENDEN ist die Kneipenmeile an der Weißen Gasse besonders stark frequentiert. Auch von hier hat man die Kuppel der Frauenkirche im Blick.

DRESDNER ALTSTADT | 37

OBEN UND LINKS | DIE WASSERFONTÄNEN der »Pusteblumen« sind aus der Fußgängerzone Prager Straße ebenso wenig wegzudenken wie die Plattenbauten. Der sozialistische Chic ist inzwischen etwas aufgepeppt – aber die Plastik »Völkerfreundschaft« aus dem Jahre 1986 passt immer noch gut hierher. Sie gehörte wie die im Hintergrund zu sehende »Eierkarton«-Fassade des ehemaligen Centrum-Warenhauses zu den originelleren Kreationen der DDR-Architektur.

EXOTISCHE MODERNE

Kuppeln mögen die Dresdner. Diese hier ist 20 Meter hoch, aus buntem Glas und nachts beleuchtet. 1908 ließ Hugo Zietz seine Zigarettenfabrik im Stil einer Moschee errichten und nannte sie nach einem Tabakanbaugebiet »Yenidze«. Heute sind hier Büros und ein Restaurant untergebracht, abends werden unter der Kuppel Märchen vorgelesen.

DRESDNER CHRISTSTOLLEN

SÜSSE SACH(S)EN

WAS HINEINKOMMT in den weltberühmten Dresdner Christstollen, das behalten die Bäckermeister für sich. Sultaninen, Mandeln und Butter gehören auf jeden Fall dazu.

KAUM ZU GLAUBEN, dass Dresdens weltberühmte Köstlichkeit einst eher ungenießbar war. Schon im 15. Jahrhundert stellte man in Sachsen Stollen als Sinnbild für das in Windeln liegende Jesuskind her. In der Landessprache wurden sie ›Striezel‹ genannt und in der Vorweihnachtszeit auf dem Dresdner Markt verkauft, der seither Striezelmarkt heißt.

DA IN DER ADVENTSZEIT GEFASTET WURDE, war Butter als Zutat verboten. In die Teigschüssel kamen nur Mehl, Hefe, Wasser und etwas Öl. Die Feinschmecker unter den Wettiner Herzögen, Kurfürst Ernst und sein Bruder Herzog Albrecht, mochten das nicht hinnehmen. Sie wussten, an wen man sich wenden musste, um Dispens zu erlangen. Dem Papst gaben sie zu verstehen, dass man mit Rübenöl kein gottgefälliges Produkt herstellen kann. Es dauerte ein Weilchen, bis der Heilige Stuhl entschied. Erst 1491 gestattete Papst Innozenz VIII. die Beimischung von Butter, Milch und feinen Zutaten wie Rosinen, Mandeln und Früchten. Allerdings gab es die Gnade des Heiligen Vaters nicht umsonst: Ein jährlicher Obolus für den Bau des Freiberger Doms musste entrichtet werden, quasi als Ablass für diese kleine Sünde. Heute spenden Sachsens Bäcker kein »Buttergeld« mehr, sondern sammeln zur Weihnachtszeit den Stollenpfennig für »Brot für die Welt«. Damals verlangte auch der sächsische Hof seinen Tribut: Zwei Stollen von 1,50 Meter Länge und 36 Pfund Gewicht hatte die Bäckerzunft am zweiten Weihnachtsfeiertag ins Schloss zu liefern. Diese Tradition riss erst 1918 mit dem Ende der Monarchie ab. Weil aber nichts in Dresden so sehr geliebt wird wie Kurfürst August der Starke, König von Polen, samt seiner barocken Hofhaltung, wird ihm heute wieder auf ähnliche Weise gehuldigt. Der Lebemann hatte sich zum »Zeithainer Lustlager«, einer Riesensause mit 20000 geladenen Gästen, den größten Stollen aller Zeiten gewünscht. Sein Hofbaumeister Matthäus Daniel Pöppelmann entwarf eigens dafür einen riesigen Stollenofen. Mit acht Pferden wurde das 1,8 Tonnen schwere Gebäck im Triumphzug durch die Stadt gezogen. Der König persönlich schnitt es mit einem eigens angefertigten 1,60 Meter langen Messer an.

DIE LEBENSFROHEN DRESDNER haben diese Episode zu neuem Leben erweckt und feiern am Samstag vor dem zweiten Advent das Dresdner Stollenfest, bei dem das »Stollenmädchen«, ein weiblicher Konditorlehrling, dem Riesengebäck mit einer Replik des königlichen Stollenmessers zu Leibe rückt. Das Kunstwerk aus Bäckerhand ist allerdings noch größer als das Original: über vier Meter lang und 3,5 Tonnen schwer.

EIN ECHTER DRESDNER CHRISTSTOLLEN ist nur echt mit dem goldenen Gütesiegel des Schutzverbandes. Er muss in Dresden von Hand gefertigt worden sein und darf nur die besten Zutaten enthalten. Vier Pfund bringt er auf die Waage, weil er in dieser Größe seinen Geschmack am besten entfaltet. Er sollte zwei bis vier Wochen ruhen, bevor man ihn anschneidet.

WER DEN BESTEN STOLLEN MACHT, darüber streiten die Dresdner immer wieder gerne. Aber letztlich zählt nur, dass er den Anforderungen des Stollen-Schutzverbandes entspricht; denn sonst darf er sich nicht »Dresdner Christstollen« nennen. In der Weihnachtszeit gehört das Gebäck auf jede Kaffeetafel – bitte ohne Sahne, aber mit einem schönen »Scheelchen Heeßen«.

INTERNET
www.dresdnerstollen.com

KULTURSTADT DRESDEN

Museal will Dresden zwar nicht sein. Aber natürlich sind es die vielen Museen mit ihren unermesslichen Kunstschätzen, die alljährlich Millionen Besucher anziehen. Die Unsummen, die Sachsens Kurfürsten für wertvolle Gemälde, teure Porzellane und verschwenderische Dekors ausgegeben haben, waren gut angelegt. Denn das einzigartige kulturelle Flair, zu dem auch die in Dresden komponierte und stets erstklassig dargebotene Musik beiträgt, übt heute wie damals eine große Anziehungskraft aus.

IM ALBERTINUM zeigt die Skulpturensammlung Werke von der klassischen Moderne bis zur Gegenwart. Die ungewohnten Blickbeziehungen zwischen den Objekten sind gewollt. Für die Ausstellung stand Rodins Leitgedanke von der Subjektivität der Kunst Pate.

DAS RESIDENZSCHLOSS beherbergte seit 1560 die kurfürstliche Kunstkammer. Heute ist es als Museumszentrum ein viel besuchter Ort. Der Kleine Schlosshof mit seinem modernen Glaskuppeldach bildet das Eingangsfoyer zu den berühmten Schätzen der sächsischen Kurfürsten und Könige.

KALEIDOSKOP DER KÜNSTE

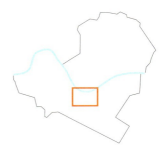

Neben der weltberühmten Sammlung Alte Meister im Zwinger hat mittlerweile auch die moderne Kunst wieder ihren wohlbestellten Platz in Dresden. Die Semperoper mit der unvergleichlichen Staatskapelle bietet einen Klangzauber, der schon Richard Wagner und Richard Strauss verzückt hat. Die Knabenchöre der Kreuzkirche und der Kathedrale, etliche Laienchöre, die Absolventen der Musikhochschule – sie alle musizieren auf überdurchschnittlichem Niveau. Hinzu kommen Theater, auch Laienbühnen, natürlich Musikclubs, Festivals und festliche Bälle – Dresden ist gelebte Kultur.

SCHLOSS DER KOSTBARKEITEN Das Residenzschloss ist über Jahrhunderte von den sächsischen Kurfürsten und letztendlich (polnischen) Königen erweitert und verschönert worden – hier ein paar neue Ecktürme, dort Sgrafitti im Schlosshof, und jüngst bekam es ein gläsernes Kuppeldach, damit die Besucher trockenen Hauptes durch den Kleinen Schlosshof zu den einzigartigen Museen gelangen. Seit 1560, als Kurfürst August die Kunstkammer gründete, ist das Schloss ein Hort der Künste. Ein Erlebnis besonderer Art ist das Historische Grüne Gewölbe mit üppig verziertem Spiegelsaal, marmorierten Kabinetten und barock vergoldeten Konsolen. Ein Gesamtkunstwerk, vom Architekten des Zwingers als raffinierte Inszenierung angelegt, um Macht und Reichtum des Regenten effektvoll zur Schau zu stellen. An Bernsteinfiguren, verspielten Gefäßen aus Elfenbein, Silberpokalen und Bronzestatuetten vorbei, frei zugänglich auf Prunktischen und Wandkonsolen ausgestellt, endete der Rundgang vor den kostbaren Juwelen des Hofes. So ist es auch heute – nur dass die wertvollsten Sammlungsstücke eine Etage höher in den Vitrinen des Neuen Grünen Gewölbes zu betrachten sind.

EIN GANZER ZOO aus ›Weißem Gold‹ ist in der opulent ausgestatteten Porzellansammlung im Zwinger zu sehen. Die weltweit größte und in ihrer Qualität einmalige Sammlung umfasst 20 000 Teile, deren wichtigste hier in wahrhaft majestätischem Prunk dargeboten werden.

ORIENT AN DER ELBE Der Araberhengst in seinem pompösen Prunkgeschirr sieht aus, als wolle er gleich losstürmen. So echt und lebensgroß von einem Dresdner Holzkünstler gestaltet, steht er mit sieben weiteren in der »Türckischen Cammer«. Prächtige osmanische Säbel und Dolche, Helme und Gewänder prangen in den Vitrinen. Am eindrucksvollsten aber ist das osmanische Prunkzelt: 20 Meter lang, acht Meter breit und sechs Meter hoch. Dunkel – weil nur spärlich beleuchtet – ist es in den Ausstellungsräumen, damit man seine Fantasie schweifen lassen kann – hin zu den Festgelagen Augusts des Starken, der sich gerne mal als Sultan verkleidete und mit türkischen Janitscharen umgab.

PORZELLAN IN SZENE GESETZT Auf vergoldeten barocken Konsolen präsentieren sich türkisfarbene Vasen an einer violetten Wand, chinesische Figürchen und Teller vor roter Seidentapete. Wilde Tiere hocken auf goldenen Felsen unter einem mit Porzellanglöckchen gesäumten Baldachin. Das hätte auch August dem Starken gefallen. 2,4 Millionen Euro hat die Umgestaltung der Ausstellung durch den New Yorker Stararchitekten Peter Marino gekostet, finanziert über die Konjunkturhilfe aus dem Bundeshaushalt. August war nicht so flüssig; er hatte für ein paar überdimensionale Deckelvasen noch 600 Dragoner an Friedrich Wilhelm I. nach Preußen verschachert und bei der Meißner

IN DER SCHUMMRIGEN ATMOSPHÄRE der »Türckischen Cammer« präsentieren die Staatlichen Kunstsammlungen mehr als 600 prächtige Waffen, Pferdegeschirre und andere Schätze aus dem Osmanischen Reich, die Sachsens Kurfürsten in 300 Jahren erbeutet haben.

Porzellanmanufaktur offene Rechnungen über 47 926 Taler hinterlassen.

MADONNA MIT ENGELN »Platz für den großen Raphael« soll Friedrich August II. ausgerufen haben, als das Gemälde der »Sixtinischen Madonna« in Dresden eintraf. Vor allem die beiden kecken Engel am unteren Bildrand gingen in tausendfachen Nachbildungen jeglicher Nippes-Kategorie um die Welt. Botticelli, Tizian und Tintoretto, Vermeer, van Dyck und Rembrandt, Dürer, Cranach und Holbein – die meisten der wertvollen Werke wurden in etwas mehr als 50 Jahren in ganz Europa zusammengekauft. Doch so majestätisch, wie sie dort hängen, sollen die Kunstwerke nicht nur beeindrucken. »Ein Museum muss leben« lautet die Devise und so dürfen Kinder ihren Geburtstag bei den Alten Meistern feiern, wird der Blick bei Sonderausstellungen auf besondere Aspekte der Sammlung gelenkt.

DIE MODERNE IST DA Wenn Caspar David Friedrich, Impressionisten wie Monet und Degas oder auch die Vertreter der Künstlervereinigung »Brücke« und andere expressionistische Maler die ›Neuen Meister‹ sind – was ist dann die Gegenwartskunst? Ganz einfach: auch neue Meister. Im Albertinum an der Brühlschen Terrasse haben Gerhard Richter, Georg Baselitz und A.R. Penck eigene Räume. Mitunter prallen Alt und Neu unmittelbar aufeinander, auch in der Skulpturensammlung. Eine Schule des

HOCHKULTUR IN FÜRSTLICHEM GLANZ

Sehens ist dieses einzigartige Museum, in der auch DDR-Kunst mit westdeutschen Werken aus der gleichen Epoche verglichen werden kann. Wenige Meter entfernt wird der Lipsiusbau ebenfalls für wechselnde Ausstellungen der Gegenwartskunst genutzt, und wenn dann noch einmal ein paar Schritte weiter die Kunstakademie im Sommer die Diplomarbeiten ihrer Absolventen vorstellt, hat der Betrachter einen kompletten Überblick über die Moderne in der Kunst.

BEGRÜNDER DER KULTURMETROPOLE Nicht im Museum, sondern im Freien haben die Repräsentanten des sächsischen Fürstengeschlechtes und Urheber der Dresdner Museumslandschaft ihre Ahnengalerie. Auf der Rückseite des zum Residenzschloss gehörenden Stallhofes bildet der 102 Meter lange »Fürstenzug« sämtliche Könige, Kurfürsten und Markgrafen des Hauses Wettin aus acht Jahrhunderten ab.
Der Ursprung ihrer Dynastie liegt nordwestlich von Halle an der Saale im heutigen Sachsen-Anhalt. Die Burg Wettin war der Stammsitz dieses Adelsgeschlechtes, das zu den ältesten in Deutschland gehört und 1123 bis 1903 die Geschicke des meißnisch-sächsischen Staates bestimmte. Auf 24000 Fliesen aus Meißner Porzellan präsentieren sich die 35 Regenten des Hauses Wettin seit 1876 der Öffentlichkeit – bis auf König Friedrich August III., der noch nicht regierte, als Wilhelm Walther seinen Bildfries entwarf. Allerdings hat er noch 56 Wissenschaftler, Künstler und Bauern im »Fürstenzug« mitlaufen lassen.

ZAUBERHAFTE KLÄNGE Richard Wagner, der in Dresden als Kapellmeister wirkte, nannte sie seine »Wunderharfe«. Richard Strauss wusste die Uraufführungen seiner Opern bei Ernst von Schuch, Fritz Busch und Karl Böhm in besten Händen. Die Sächsische Staatskapelle, 1548 als Hoforchester gegründet, verzaubert mit ihrem weichen Klang bis heute das dankbare und kundige Publikum. Das Philharmonische Orchester, zahlreiche Chöre, die geistliche Musik in den großen Kirchen, Jazz und Rock in den Clubs komplettieren das umfangreiche Musikangebot der Stadt. Für die leichtere Muse lohnt sich der Weg an den Stadtrand, denn die Staatsoperette bietet Augen- und Ohrenschmaus, auch für Musicalfreunde.

VOM RESIDENZSCHLOSS führt der Weg zum Neumarkt an einem Geschichtsbild der besonderen Art entlang. An der Außenseite des Stallhofes sind sämtliche Herrscher des Hauses Wettin im »Fürstenzug« auf Kacheln aus Meißner Porzellan abgebildet.

OBEN I IM ABENDLICHEN LICHTERGLANZ überstrahlt die Semperoper den Theaterplatz. Der Neorenaissance-Bau wurde nach den Zerstörungen des Zweiten Weltkrieges in den 1980er-Jahren sorgsam rekonstruiert. UNTEN I WENN SICH DER VORHANG auf der Bühne öffnet und die Sächsische Staatskapelle ihren warmen Klang verströmt, ist das Publikum im Nu verzaubert. Etliche Opern von Richard Strauss und Richard Wagner wurden in der Semperoper uraufgeführt. RECHTS I MAN MUSS KEIN OPERNENTHUSIAST SEIN, um sich hier wohlzufühlen. Mit seiner üppigen Ausstattung ist der Opernbau auch eine Augenweide.

HEIMSTÄTTEN DER MUSEN

Im Lipsiusbau an der Brühlschen Terrasse ist die junge Kunst zu Hause. Im üppig dekorierten Gebäude aus dem 19. Jahrhundert finden wechselnde Ausstellungen zeitgenössischer Kunst statt. Unter der Kuppel mit der goldenen Fama arbeiten Studenten in der Kunstakademie an den Werken des 21. Jahrhunderts.

OBEN I DIE KREUZKIRCHE am Altmarkt ist Sachsens größter Kirchenbau. Seit mehr als 700 Jahren lassen die Knaben des Kreuzchores ihre Stimmen hier zum Lobe Gottes erklingen. Dank des gewaltigen Kirchenraumes können bis zu 3000 Zuhörer ihre Darbietungen genießen.
RECHTS I IM SCHAUSPIELHAUS am Postplatz kommen nicht nur klassische Dramen in ausgezeichneter Qualität auf die Bühne. Die Experimentierfreude kennt kaum Grenzen. Uraufführungen zeitgenössischer Autoren gehören ebenso ins Programm wie die mit Laiendarstellern inszenierten Stücke der »Bürgerbühne«.

WER KENNT IHRE ZAHL, nennt ihre Namen? Der barocke Figurenschmuck des Zwingers ist ebenso vielfältig wie die Kunstschätze seiner Museen. Grimmige Gesichter sucht man in diesem heiteren Ensemble vergeblich.

DIE SCHÖNSTEN SCHLÖSSER und Gärten Europas im frühen 18. Jahrhundert inspirierten Zwingerbaumeister Matthäus Daniel Pöppelmann zu seinem Dresdner Meisterwerk. Der praktische Nutzen stand hier weniger im Vordergrund als die repräsentative Pracht der Festanlage. Den Hof mit seinen Brunnen und Grünflächen säumen zwei runde und vier rechteckige Pavillons, die durch Galerien miteinander verbunden sind.

VON NYMPHEN UND ALTEN MEISTERN

WOHIN NUR MIT DEN HERRLICHEN ZITRONEN- und Granatapfelbäumen, wenn es Winter wird? Andere Herrscher hatten längst stattliche Orangerien, also wollte August der Starke auch eine – am Zwingergarten, in Schlossnähe an der Festungsmauer. Schlichtes war von vornherein ausgeschlossen, und so entstand ein Festplatz in barocker Gartengestalt, mit heiteren Wasserspielen im Nymphenbad, mit einem Mathematisch-Physikalischen Salon. Versailles stand unübersehbar Pate, dort holte sich Landbaumeister Matthäus Daniel Pöppelmann Anregungen wie auch in Wien und Rom. Seinen Plan, das Freigelände des Zwingers bis zur Elbe hin zu gestalten, konnte er allerdings nicht umsetzen – das Militär sperrte sich gegen eine Aufweichung der Befestigungsanlage. Im 19. Jahrhundert schloss Gottfried Semper das barocke Ensemble gekonnt mit einer Galerie, die seither die kostbare Gemäldesammlung Alte Meister und die Rüstkammer beherbergt.

TROTZ DER GROSSARTIGEN ANLAGE ist das Nymphenbad ein recht intimer Ort geworden, dessen Figuren teilweise von Balthasar Permoser selbst stammen, der als Bildhauer das gesamte Ensemble komponiert hat.

OBEN I EINE MISCHUNG aus Neoklassik und Moderne prägt die Architektur des Deutschen Hygiene-Museums. UNTEN I ALS MUSEUM vom Menschen wollte Karl August Lingner die Ausstellung über Anatomie, Gesundheitsvorsorge und Ernährung verstanden wissen. RECHTS I IM AUSSTELLUNGSRAUM zum Thema »Essen und Trinken« verweist eine Leuchtschrift aus der DDR der 1960er-Jahre auf das Ziel industrieller Tierhaltung. Hier erfährt man, wie die Kuh aussieht, bevor aus ihr ein Schnitzel wird, und was sich der Mensch ausgedacht hat, um aus landwirtschaftlichen Produkten Nahrungsmittel zu machen.

OBEN | ARBEIT, KRIMINALITÄT, ABTREIBUNG – das Hygiene-Museum geht in seinen Sonderausstellungen über die biologischen Fakten des Menschseins hinaus und hinterfragt Themen, die modernen Gesellschaften unter den Nägeln brennen. LINKS | GEHEIMNISVOLL ist die Atmosphäre unter der Glaskuppel der Yenidze vor allem am Abend, wenn dort Musik und Märchen vorgetragen werden.

KULTURSTADT DRESDEN | 65

KULTURFÖRDERUNG

KLOTZEN FÜR DIE KULTUR

DAS ALBERTINUM AN DER BRÜHLSCHEN TERRASSE: Im Inneren ist Kunst von der Romantik bis zur Gegenwart ausgestellt. Der Innenhof wurde überdacht und bietet nun Platz für Restaurierungswerkstätten und Museumsdepot.

DIE GROSSE FLUT des Jahres 2002 hatte auch die Kunstsammlungen hart getroffen – die Bilder der Zerstörung gingen um die Welt. 45 Künstler stifteten als Hilfsaktion eigene Werke. Beeindruckende 3,4 Millionen Euro erbrachte ihre Versteigerung bei Sotheby's in New York. Mit diesem finanziellen Polster trat der Generaldirektor der Staatlichen Kunstsammlungen, Martin Roth, selbstbewusst an die Sächsische Landesregierung heran und forderte weitere Unterstützung, damit das Albertinum zu einem großartigen Museum der Moderne ausgebaut werden konnte. Und nicht nur das. Die Erfahrungen des Hochwassers zeigten, dass die umfangreichen Kunstbestände in den Depots schutzlos den Unbilden der Natur ausgeliefert waren. Der Architekt des neuen Albertinums, Volker Staab, kam daher auf die Idee, den Innenhof des Gebäudes zu überdachen und darunter zwei Etagen für die 6500 eingelagerten Kunstwerke und Restaurierungswerkstätten einzuziehen.

IN RUSSLAND UND DÄNEMARK, IN DEN USA UND CHINA – überall auf der Welt zeigen die Sachsen ihre Staatsschätze, aus Dankbarkeit für die Rückgabe von Beutekunst oder um im Dialog mithilfe der Kultur Grenzen zu überwinden. So wird in aller Welt das Interesse an Dresden geweckt. Hotels und Gewerbe der Stadt danken es den Museen durch Werbung, Sponsoring und Kooperationen. Aber erst wenn die Jugend ihren Weg in die Museen findet, sind Martin Roth und seine Mitarbeiter zufrieden. Deshalb ist für Kinder bis 16 Jahren der Eintritt in die Museen frei.

EIN WAHRES ORGANISATIONSTALENT und glänzender Netzwerker ist auch der Dresdner Cellist Jan Vogler. Der international renommierte Künstler schafft es scheinbar mühelos, als Intendant der Dresdner Musikfestspiele weltberühmte Kollegen an die Elbe zu holen. Zu DDR-Zeiten, Ende der 1970er-Jahre, war Dresden per Verfügung des SED-Zentralkomitees auserkoren worden, ein Musikfestival von Weltrang zu organisieren. Das Niveau ohne nennenswerte staatliche Unterstützung auch nach der politischen Wende zu halten, war eine Herausforderung, die seit 2008 hervorragend gelingt. Uraufführungen und musikalische Wiederentdeckungen, Altbewährtes und Ungewöhnliches wechseln sich im reichhaltigen Programm während der beiden Festspielwochen um Pfingsten herum ab.

WEIL DRESDEN weg will vom angestaubten Image der Barockstadt, kann das privat initiierte Kunstfestival »Ostrale« nun auch mit städtischen Zuschüssen arbeiten. Mit wachsendem Zuspruch organisiert ein kleines Team seit 2007 eine Ausstellung der besonderen Art. Das denkmalgeschützte Gelände des alten Schlachthofes im sogenannten Ostragehege bietet der jungen Kunst einen außergewöhnlichen Ort zur Darstellung. Drei Wochen lang sind hier Kunstinstallationen, Performances und Workshops, Objektkunst und Fotografie zu erleben. Da kommen schon mal 11 000 Besucher – und Dresden steht unversehens mit einem Bein in der Subkultur.

ZEITGENÖSSISCHE KUNST im morbiden Ambiente des alten Schlachthofes. Im Sommer bildet das internationale Kunstfestival »Ostrale« einen reizvollen Kontrast zu den alten Kunstschätzen Dresdens.

INTERNET
www.skd.museum
www.musikfestspiele.com
www.ostrale.de

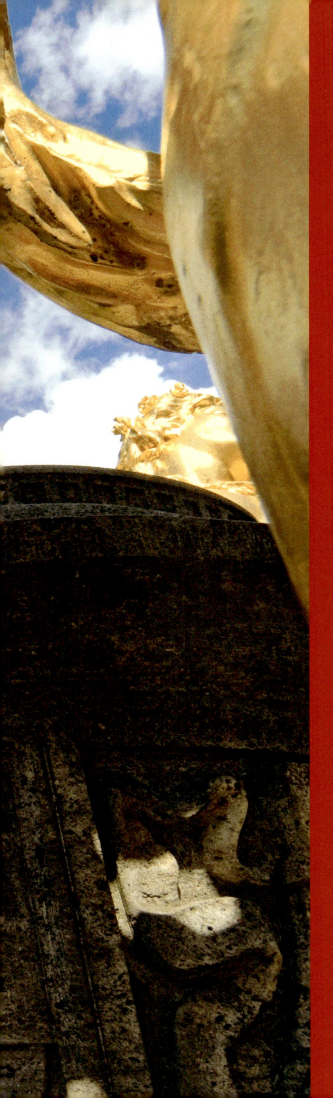

GRÜNES DRESDEN

Für ein Picknick im Grünen müssen die Dresdner keine langen Wege zurücklegen. Die breiten Elbwiesen bieten reichlich Platz. Dazu der Große Garten, Schloss Pillnitz mit seinem barocken Landschaftspark und die vielen verträumten Plätze an den Elbhängen. Bei einer Schiffstour mit der Weißen Flotte kann man sich in aller Ruhe seinen Lieblingsplatz auswählen.

DER MOZARTBRUNNEN des Berliner Bildhauers Hermann Hosaeus auf der Bürgerwiese ist ein Sinnbild der Lebensfreude, die nicht nur Sachsens Fürsten zu eigen war. Die drei vergoldeten Bronzefiguren, die um einen Mozartgedenkstein herumtanzen, stellen die drei Grazien ›Anmut‹, ›Heiterkeit‹ und ›Ernst‹ dar.

EIN RUHIGER PLATZ findet sich immer in der weitläufigen Parkanlage des Schlosses Pillnitz. Wie hier am Pavillon des Englischen Gartens im Schatten zahlreicher, bis zu 200 Jahre alter Bäume. Eine mächtige Platane am Teichufer bringt es auf 2,10 Meter Stammdurchmesser.

AN DER ELBE AUEN

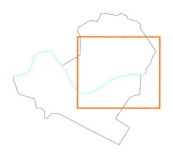

Wenn die Sonne am Himmel lacht und die Tempertauren in die Höhe klettern, gibt es kein Halten mehr. Dann werden die Fahrräder gepackt, Inlineskates angezogen und die Freunde in den Biergarten bestellt. Das sind die italienischen Momente im Leben der Dresdner. Sie haben dann nur noch die Qual der Wahl: Blick ins Tal oder Blick auf die Elbhänge – oder vielleicht doch eine Runde durch den Großen Garten, ein Zoobummel oder eine Wanderung in der schattigen Dresdner Heide?

EIN WIRKLICH GROSSER GARTEN Was noch vor 300 Jahren ein Ausflug vor die Tore der Stadt war, ist heute ein Spaziergang fast im Stadtzentrum. Der Große Garten ist eine grüne Oase mitten in Dresden und jedermann zugänglich. Das war nicht immer so. Kurfürst Johann Georg III., Vater Augusts des Starken, ließ ihn 1676 als ummauerten Jagdgarten anlegen. Im stattlichen Barockpalais in seiner Mitte feierte der Hof sich selbst und sein kulturelles Engagement. Schließlich war immer wieder aufs Neue der legendäre Ruf der sächsischen Hoffeste zu verteidigen. Heutzutage gerät alles eine Nummer schlichter und bürgerlicher. Doch sind die Konzerte nicht weniger gefragt als einst, und auch die Kunstausstellungen präsentieren sich wieder im Zeichen des Zeitgeistes, stehen nunmehr in reizvollem Kontrast zum barocken Flair.

GEFALLEN HÄTTE DEM HERRSCHERLISCHEN SPIELTRIEB sicherlich auch die Parkeisenbahn, wenngleich sie sich fest in Kinderhand befindet. Dennoch, Stationsvorsteher und Bahnwärter in ihren blauen Uniformen versehen ihren Dienst auch für die kleinen Fahrgäste mit großem Ernst. Schnaufend setzt sich die Lok in Bewegung und bringt Sie zu den Attraktionen des

ALS DER WEINANBAU an den Loschwitzer Elbhängen im 19. Jahrhundert zum Erliegen kam, schlug die Stunde der Immobilienhändler und reiche Dresdner konnten sich ihren Traum von der Villa mit Elbblick erfüllen.

Hektar umfassenden Parks. Am Palaisteich mit der großen Fontäne herrscht im Sommer Hochbetrieb, vor allem wenn zusätzlich zu den Spaziergängern auch Radfahrer und Skater ihre Runden auf den beiden gepflasterten Hauptachsen drehen. Doch ist genug Platz für alle da – trägt der Große Garten seinen Namen doch schließlich zurecht.

TELLKAMPS TURM Christian Hoffmann ist des Öfteren mit der Standseilbahn von Loschwitz den Elbhang hinaufgefahren. Der Protagonist aus Uwe Tellkamps preisgekröntem Bestsellerroman »Der Turm« geleitet den Leser durch das bürgerliche DDR-Leben am Weißen Hirsch, dem Villenviertel und einstigen Luftkurort Dresdens. Seinen Namen erhielt der Stadtteil von einem Gasthof an dem großen Waldgebiet der Dresdner Heide, um den sich im 17. Jahrhundert eine kleine Siedlung bildete. Natur und die gute Luft zogen die Städter dort hin – im 19. Jahrhundert entstanden Villen, ein Kurhaus und ein Kurpark, wo sich gut betuchte Bürger wie Kurgäste tummelten. Schließlich verhalf der Arzt und Naturheiler Heinrich Lahmann dem Kurort zum Durchbruch, als er ein Sanatorium am Saum der Heide eröffnete. Es gab aber auch Tanzvergnügen in zahlreichen Ballsälen und Konzerte im Kurpark. Die Künstlervereinigung »Brücke« traf sich in der Pension »Felsenburg«, Richard Strauss und UFA-Stars wie Heinz

Rühmann und Zarah Leander nahmen Quartier im »Parkhotel«. Der Zweite Weltkrieg beendete das geschäftige Treiben abrupt. Die Wiederbelebung gelang nie wirklich, es kam das endgültige Aus für die Bäderherrlichkeit. Denn das Lahmann-Sanatorium wurde bis 1990 als sowjetisches Militärlazarett genutzt und vernachlässigt. Bis heute harrt es seiner Sanierung. Zu DDR-Zeiten wurden die herrschaftlichen Villen als Kinderheime genutzt, das Privateigentum kollektiviert. Baron Manfred von Ardenne allerdings genoss seinen Sonderstatus als Kernphysiker in einem großen Forschungszentrum an der Plattleite. Er taucht in Uwe Tellkamps Roman als Baron von Arbogast auf. Die Straßen- und Häusernamen sind im Bestseller nur so ähnlich wie in Wirklichkeit – eine knifflige Herausforderung für alle, die sich auf eigene Faust oder im Rahmen organisierter Rundgänge in der Welt des DDR-Bürgertums im »Turm« zurechtfinden wollen.

LUSTSCHLOSS UND GARTENLUST Einst spielte Gräfin Cosel die Hauptrolle in der traumhaften Inszenierung des Schlosses Pillnitz – als ihr Geliebter, August der Starke, ihr als Zeichen seiner Zuneigung ein im Stil der damaligen Chinamode errichtetes Palais mit barockem Lustgarten schenkte. Heute ist die Hauptrolle an die mehr als 250 Jahre alte Kamelie übergegangen. 8,60 Meter hoch und 11 Meter breit zeigt sie sich in ihrem Glashaus

AUCH IM DRESDNER STADTGEBIET ziehen heute die Ausflugsdampfer auf der Elbe an wieder aufgerebten Weinhängen vorbei wie hier unterhalb der drei Elbschlösser. Seit 1660 gedieh an den Loschwitzer Elbhängen der Weinanbau, bis ihm die Reblaus im 19. Jahrhundert den Garaus machte.

NOBLES VILLENVIERTEL MIT CHARME

von Februar bis April in voller Blüte. Auch die mächtigen Bäume im Park haben schon zwei Jahrhunderte überdauert; die Platane am Teichufer des Englischen Gartens ist mit einem Stammdurchmesser von 2,10 Metern der dickste Baum. Jeden Sommer durchweht ein Hauch vergangener aristokratischer Unbeschwertheit den Park zwischen Berg- und Wasserpalais – beim »Elbhangfest«, wenn entlang dem großen Strom getanzt, gefeiert und getrunken wird und eine kulturelle Veranstaltung der nächsten folgt. Nicht immer zeigte sich die Elbe als die erwartet sanfte, mondbeschienene Festkulisse. Im August des Jahres 2002 brachten tagelange heftige Regenfälle das sonst so träge erscheinende Gewässer in Wallung und mit ihm die Flüsse und Flüsschen der Region. ›Land unter‹ hieß es damals für die Dresdner Altstadt und große Teile der Elbanrainer bis hinab an Hamburgs Grenzen. Und der reizend klingende Name Pillnitzer Wasserpalais bekam eine bittere Doppeldeutigkeit.

GARTENSTADT MIT KULTUR Dörfliche Idylle und avantgardistische Kunst – dieser Gegensatz ist in Hellerau aufgehoben. Abseits vom Dresdner Zentrum hat sich die Reformbewegung des frühen 20. Jahrhunderts eine eigene Welt erschaffen, die auch heute zum Wohnen und Arbeiten gefragt ist. Nach wie vor wird in den »Deutschen Werkstätten« hochwertiges Mobiliar produziert. Sie waren Ausgangspunkt für die Siedlungsbauten im Grünen, in denen der Möbelfabrikant Karl Schmidt seinen Arbeitern ein von Bildung, Kultur und Natur bestimmtes Lebensumfeld schaffen wollte. Im Festspielhaus wird die Tradition des modernen Ausdruckstanzes fortgesetzt, die mit den aus den 1920er-Jahren bekannten Namen Mary Wigman und Gret Palucca verbunden ist – die Aufführungen sind ein Publikumsmagnet. Auch die zeitgenössische Musik hat ihren Platz im sogenannten Europäischen Zentrum der Künste. Und wer nach einem Konzert mit 50 Windgongs oder dem Festival der computergestützten Kunst das dringende Bedürfnis hat, sich wieder zu erden, trinkt seinen Kaffee am besten im Gasthaus am Markt und taucht von dort in die Idylle der Gartenstadt ein.

FERNAB VON LÄRM UND HEKTIK kann man den Sommer in den zahlreichen Biergärten an der Elbe genießen – schließlich sind die Dresdner dafür bekannt, dass sie es gerne gemächlich angehen lassen.

GRÜNES DRESDEN | 77

DRESDEN IN BEWEGUNG

Auch im Geschwindigkeitsrausch lassen sich Dresdens Schönheiten »erfahren«. Auf flinken Rollen kurven die Inlineskater über die Carolabrücke. Am liebsten abends oder beim Nachtskaten, das inzwischen schon Volksfestcharakter hat.

OBEN | VOLLE KRAFT VORAUS dampfen die Schiffe der Weißen Flotte über die Elbe. Dresdens historische Schaufelraddampfer sind nicht nur bei Touristen beliebt. Mit ihnen kann man sogar in den Hafen der Ehe schippern. RECHTS | WO VIELE GÄRTEN SIND ist auch jede Menge Platz für Gartendekoration. Am Körnerplatz in Loschwitz laden viele kleine Geschäfte mit originellen Dekoartikeln zum Einkaufsbummel ein.

KATHEDRALE DES MOBILEN ZEITALTERS

Wie ein Raumschiff liegt die Gläserne VW-Manufaktur im Grünen. Wer sich eine Nobelkarosse leisten kann, darf hier bei deren Endmontage zusehen. Aber auch Konzerte mit klassischer Musik finden in und an der modernen Autoschmiede statt.

OBEN | RADELN AN DER ELBE ist nicht immer so gemütlich. An den Sommerwochenenden ist der Elberadweg ziemlich bevölkert – da empfiehlt sich eine Pause an der Loschwitzer Brücke, dem »Blauen Wunder«. LINKS | DER BLICK vom modernen Ausflugsschiff aus beweist: Auch in Dresden ist Architektur nicht immer nur alt und schön.

EINE VILLA IM ITALIENISCHEN STIL mit Fachwerk ließ sich ein Architekt 1860 direkt am »Blauen Wunder« in Blasewitz bauen. Heute ist die »Villa Marie« ein beliebter Gourmettempel.

FARBENFROH UND VERSPIELT sind die Malereien am Schloss Pillnitz, wo die China-Mode des 18. Jahrhunderts zur vollen Blüte gelangte – auch wenn August der Starke den Stil des barocken Lustschlosses »indianisch« nannte.

ZWISCHEN WEINBERGEN UND ELBE strahlt die Sommerresidenz der Wettiner heitere Gelassenheit und – aus der Nähe betrachtet – einen Hauch Exotik aus. Schloss Pillnitz gehört zu den beliebtesten Ausflugszielen der Dresdner und ihrer Gäste, ganz so wie zu Zeiten der sächsischen Kurfürsten und Könige.

IN DER SCHLOSSKAPELLE mit ihren Fresken und Deckengemälden zum Marienleben wird sonntags um 10 Uhr Gottesdienst gefeiert.

IN DER SCHLOSSKÜCHE musste das Personal in vielen Töpfen rühren, denn bei den Sommerfesten wurde lange und ausgiebig getafelt.

DAS WASSERPALAIS mit seinem asiatisch anmutenden Walmdach ist von der Elbe her über die breite Treppe am Gondelhafen zu erreichen.

SCHLOSS PILLNITZ

MIT PRÄCHTIGEN GONDELN fuhr der Dresdner Hofstaat im 18. Jahrhundert zu sommerlichen Vergnügungen elbaufwärts nach Pillnitz. Die verspielte Schlossanlage mit den chinesisch anmutenden Wasser- und Bergpalais bildete die Kulisse für rauschende Feste, die sich oft über mehrere Tage erstreckten. Tanz, Theater und Opernaufführungen gehörten ebenso dazu wie Maskenaufzüge oder neckische Suchspiele im Irrgarten. Unzählige Kerzen und Fackeln erleuchteten dann die Parkanlage und zur Krönung gab es ein Feuerwerk. Die barocke Festkultur lebt alljährlich im August bei der Pillnitzer Schlossnacht wieder auf. Die Schlossmuseen geben mit vergoldeten Thronen, silbernen Möbeln und mächtigen Kabinettschränken einen Einblick in das opulente Leben der kurfürstlich-königlichen Familie.

DER STAR DER PILLNITZER SCHLOSSANLAGE hat im Winter sein eigenes Glaspalais. Die Kamelie treibt hier seit 1801 von Jahr zu Jahr mehr Blüten – bis zu 35 000 sollen es bereits sein. Mittlerweile ist die Kamelie neun Meter hoch, mit einem Durchmesser von elf Metern.

WUNDER DER TECHNIK

Die denkmalgeschützte Hängebrücke von 1893 heißt nur auf den Wegweisern »Loschwitzer Brücke«. Der poetischere Name »Blaues Wunder« hat sich durchgesetzt; er bezieht sich auf die technische Meisterleistung, die eine 280 Meter lange Metallbrücke ohne Strompfeiler in der Elbe möglich machte.

DORNRÖSCHEN WACHGEKÜSST

Nicht nur zur blauen Stunde ist das Lingnerschloss oberhalb des Loschwitzer Elbhangs ein herrlicher Ort für Kulturveranstaltungen und genüssliche Blicke aufs Elbtal. Ein Förderverein engagiert sich dafür, dass die klassizistische Villa, benannt nach ihrem prominentesten Besitzer, dem Odol-Hersteller Karl August Lingner, erhalten bleibt.

DRESDENS NEUSTADT

Hier gediegenes Nostalgieflair im Barockviertel mit Boutiquen der gehobenen Preisklasse – dort munteres Nachtleben und Graffiti an den Jugendstilfassaden. Beide Teile der Neustadt haben trotz ihres unterschiedlichen Erscheinungsbildes jedoch auch Gemeinsamkeiten: Man kann vorzüglich einkaufen, speisen, sich amüsieren und Kultur erleben.

DAS REGENWASSERTHEATER im »Hof der Elemente« gehört zum Ensemble mehrerer fantasievoll gestalteter Fassaden der Kunsthofpassage. In deren ungewöhnlich komponierten Innenhöfen entführen Cafés und kleine Läden in eine andere Welt.

EIN GETRÄNK und zahlreiche Arten, es zu genießen. In den gemütlichen Kneipen, Bars und Cafés der Neustadt mundet der Espresso je nach Geschmack im barock-gediegenen, stylish-modernen oder freakig-alternativen Ambiente.

LEBENSKUNST IN VIELEN FORMEN

Sie wollen nicht so recht zueinander passen. Und so sind sie auch getrennt durch die breite Verkehrsachse rund um den Albertplatz. Hier war Erich Kästner zu Hause, allerdings nicht in der feinen Inneren, sondern in der lebhaften Äußeren Neustadt. Die seltsame Trennung ist entwicklungsbedingt: Der ältere Teil lag noch innerhalb der Dresdner Befestigungsanlagen. Nach einem verheerenden Stadtbrand ließ August der Starke den Ortsteil als »Neue Königstadt« erbauen. Die Äußere Neustadt entstand ab 1745 eben vor deren Toren.

ZWISCHEN ELBE UND ALBERTPLATZ Kerzengerade, mit entschlossenem Blick und ganz in Gold sitzt der stattliche Mann auf seinem wilden Ross. August der Starke schaut als »Goldener Reiter« auf dem Neustädter Markt geradeaus und sieht – Plattenbauten. Nicht gar so hohe zwar, und mittlerweile sind sie auch verschönert, doch immerhin ein Relikt aus der Nachkriegszeit, in der Wohnraum knapp war und kein Gedanke daran verschwendet wurde, »feudalistische Architektur« im sozialistischen Staat wieder aufleben zu lassen. Dennoch hat die Hauptstraße ein eigenes Flair, ist als Fußgängerzone mit hohen Bäumen und bunten Blumenrabatten in der Mitte ein beliebter Ort für Feste, Märkte und einen Einkaufsbummel. Der Kriegszerstörung konnten Rähnitzgasse, Obergraben und die Königstraße entkommen. In den 1990er-Jahren wiederaufgebaut, sind in die Barockhäuser gediegene Geschäfte, Hotels, Galerien und Kunsthandlungen eingezogen. ›Italiener‹ und ›Spanier‹ um die Ecke dürfen da nicht fehlen, schon wegen der vielen Rechtsanwälte und Notare, die sich hier niedergelassen haben. Mit Kultur beginnt und endet die Meile: an der Elbe das Japanische Palais mit dem Völkerkundemuseum, wo sich dem Blick das berühmteste Dresden-

GLANZVOLLER AUFTAKT der Königstraße in Dresdens Barockviertel: Der Palaisplatz mit Springbrunnen vor dem Japanischen Palais, im damals beliebten chinoisen Stil erbaut.

Panorama, der ›Canaletto-Blick‹, eröffnet, und am Albertplatz das Erich-Kästner-Museum.

SCHNAPSIDEE UND VOLKSFEST Zwischen Königsbrücker und Bautzner Straße liegt ein freakiges Viertel, über das ältere Dresdner gern noch die Nase rümpfen. Schon zu DDR-Zeiten hatten sich hier Hausbesetzer, Punks und andere Aufmüpfige festgesetzt – Subkultur im Sozialismus. Angeödet von der Spießigkeit der regierenden Hütchenträger ließen sie ihrer Kreativität und ihrem Lebensgefühl so gut es ging freien Lauf. Basisdemokratisch und linksalternativ orientiert, waren sie von der raschen Wiedervereinigung unter marktwirtschaftlichen Bedingungen enttäuscht. Ihre Antwort entstand aus einer Schnapsidee: die »Bunte Republik Neustadt« mit eigener Regierung, eigener Währung und auf die sehr kurze Dauer von drei Tagen beschränkt. Ein Straßenfest der ganz eigenen Art, das regelmäßig zu Krawallen und Auseinandersetzungen mit der Polizei führte. Doch das ist längst Geschichte. Inzwischen ist die BRN ein fröhliches, multikulturelles Stadtteilfest, das von den Gesetzeshütern zwar immer noch im Auge behalten wird, aber durchaus auch kommerzielle Seiten entwickelt hat.

IN JEDER WEISE ALTERNATIV Anders sein geht auch ohne Dreck und Krawall, meinen die vielen Lehrer, jungen Familien und Kreativen, die mittlerweile in der Neustadt leben. Wer ausgefallenen Schmuck, Kunsthandwerk, Kleidung oder Möbel liebt, findet hier eine Fülle von Fachgeschäften mit zum Teil preiswerten Angeboten. Allein die Kunsthofpassagen mit ihren fantasievoll gestalteten Innenhöfen lohnen schon den Besuch der Neustadt. Spezialisierte Buchhandlungen, die sich vom Einerlei des Bestsellersortiments abheben, Handarbeitsgeschäfte und Spieleläden sind eine echte Alternative zum Angebot der Innenstadt. Und wenn dann die Sonne untergegangen ist, entwickelt das Szeneviertel einen besonderen Charme. Dann dröhnt Musik jeglicher Art und Lautstärke in den Clubs, wird Salsa getanzt, beim Poetry-Slam zeitgenössische Dichtkunst präsentiert oder ein Feuerwerk frivoler Gesangsdarbietungen auf der Bühne des Travestietheaters abgebrannt.

KUNST-VERFÜHRUNG Wo die Künstlerszene zu Hause ist, bieten sich vielfältige Möglichkeiten, Trends aufzuspüren und dafür auch Geld auszugeben. Bei art+form auf der Bautzner Straße finden sich Werke zahlreicher zeitgenössischer, darunter vor allem namhafter Dresdner Künstler. In der »Dresdner Sezession 89« haben sich 23 Künstlerinnen zusammengefunden, die seit 20 Jahren ihre Spuren auch im Stadtbild hinterlassen. In der »galerie drei« auf der Prießnitzstraße zeigen sie ihre Werke. Das »Kunsthaus Raskolnikoff« bietet Ausstellungsbesuchern nicht nur einheimische und internationale Gegenwartskunst, sondern auch eine ausgesprochen gute Küche.

ALS ALTERNATIVE ZU DEN KONSUM-TEMPELN der Innenstadt reihen sich in der Äußeren Neustadt kleine, unabhängige Szeneläden aneinander: Außen so bunt wie innen bestimmen ausgefallene Mode und Deko fürs heimische Wohnzimmer das Sortiment.

DER GOLDENE REITER ...

... blickt nach Osten, seinen polnischen Untertanen entgegen – oder auch den Brunnenfiguren am Ende der Hauptstraße. Das Standbild Augusts des Starken ist Mittelpunkt der zahlreichen Märkte und Straßenfeste der Inneren Neustadt.

AUGENSCHMAUS

Wo gibt es einen schöneren Milchladen? Pfundts Molkerei an der Bautzner Straße bietet nicht nur Gaumengenüsse in der üppig bestückten Käsetheke, sondern auch Augenschmaus an Wänden und Decke.

OBEN I RUHEINSELN gibt es viele in der Neustadt. Die Hinterhöfe sind hier in der Regel weitaus grüner als die Straßenfronten. UNTEN I DIE ELBE IST NICHT GENUG. Etwa 300 Brunnen und Wasserspiele zieren die Stadt; manche von ihnen tragen klangvolle Namen wie etwa die Zwillinge »Stille Wasser« und »Stürmische Wogen« am Albertplatz. RECHTS I DAS BAROCKVIERTEL an der Königstraße im Abendlicht. Aufwendig saniert, steht es für Dolce Vita abseits der innerstädtischen Hektik.

TANZ AUF DEM REGENBOGEN

In der Neustadt zeigt sich Dresden von seiner buntesten Seite. Streetart gehört wie selbstverständlich zum Straßenbild und bringt nicht nur Abwechslung in die Fassadenreihen, sondern lässt auch Graffiti-Schmierer alt aussehen.

IN JEDER HINSICHT alternativ: Die Scheune, Kulturzentrum der Neustadt in der Alaunstraße, mit Café, Biergarten und Veranstaltungsräumen, in denen von Literaturlesungen bis Punkmusik vieles geboten wird – schon zu DDR-Zeiten eine Institution im Szeneviertel.

DIE RUHE SELBST, ganz nach antikem Vorbild, so steht der bronzene Bogenschütze des Rixdorfer Künstlers Ernst Moritz Geyger (1861–1941) am Neustädter Elbufer und zielt nach der anderen Elbseite. Eine Kopie des Bogenschützen, der 1902 entstand, steht in Hannover am Trammplatz. Der Bildhauer selber hatte 1893 eine Professur an der Dresdner Akademie inne, verließ den akademischen Betrieb aber schon nach fünf Monaten wieder.

COOL UND HIP: Die passende Fußbekleidung für den Neustadtbummel und den nächtlichen Besuch der angesagten Szenediscos gibt es natürlich in den Boutiquen vor Ort.

REINE NOSTALGIE oder Potenzial für einen neuen Retrotrend? Styling-Anregungen für Individualisten.

DAS SINNLICHE TRIFFT das Nützliche in den kleinen Läden der Görlitzer Straße, das Künstlerische verbindet sich mit dem Praktischen.

UNVERHOFFT kommt oft: Ein Blick in Neustädter Hauseingänge lohnt, denn hier findet man nicht selten wunderschöne Jugendstil-Treppenhäuser.

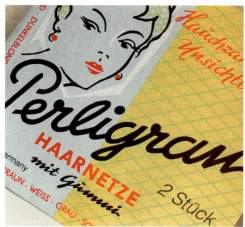

DIE ZWEI GESICHTER DER NEUSTADT

IMPRESSIONEN AUS DER BAROCKEN NEUSTADT: Durch die Gänge der Kunsthandwerkerpassage mit ihren vielen kleinen Läden an der Hauptstraße gelangt man in den duftenden barocken Kräutergarten.

MIT ZWEI GESICHTERN präsentiert sich der rechtselbische Teil des alten Dresden. Gleich hinter der Augustusbrücke ist das Barockviertel um die Königstraße herum saniert und erweitert worden. Hier versammeln sich schicke Geschäfte, noble Hotels und internationale Gastronomie. Aber auch die Kunst und das Kunsthandwerk sind in die herausgeputzten Bauten eingezogen. Jenseits des Albertplatzes, in der Äußeren Neustadt, blieb die geschlossene Gründerzeitbebauung lange Zeit sich selbst überlassen. Die heruntergekommenen Häuser wurden schon zu DDR-Zeiten besetzt und es entwickelte sich jene bunte Szene, die – mit leichten Veränderungen und nach allerlei Sanierungen – auch heute noch das Viertel zum lebendigsten in Dresden macht. So können hier unprätentiöse Eckkneipen und gestylte Bistros, Tante-Emma-Läden und Modeateliers junger Designer nebeneinander existieren.

DRESDENS NEUSTADT | 111

DRESDEN BUNT

Es müssen nicht immer Graffiti sein. Die Durchgangshöfe zwischen Alaunstraße und Görlitzer Straße in der Äußeren Neustadt bilden die Kunsthofpassage und der Name ist nicht nur bei der farbenfrohen Fassadengestaltung Programm.

ERICH KÄSTNER

KÄSTNERS VIERTEL

ERICH KÄSTNER IM ORIGINAL und als bronzener Jüngling, der auf der Mauer des heutigen Kästner Museums hockt – so wie der kleine Erich damals, als das Haus noch seinem Onkel gehörte.

ERICH KÄSTNER war ein Kind der Neustadt. Abseits vom viel gelobten Dresdner Barock wuchs er nahe den Kasernen der Garnison auf, in die sein Onkel Franz die Pferde lieferte. Dreimal zog er mit seiner Mutter um – immer ein Stück näher an den Albertplatz heran und immer eine Etage tiefer: »Wir zogen tiefer, weil es mit uns bergauf ging, näherten uns den Häusern mit den Vorgärten, ohne sie zu erreichen«, schreibt er in seiner Biografie »Als ich ein kleiner Junge war«. Sein Onkel Franz aber hatte im Pferdehandel viel Geld verdient und konnte sich eine zweistöckige Villa mit großem Garten in der Antonstraße leisten. Dort hat Kästner als Kind oft auf der Mauer gehockt und das Treiben am Albertplatz beobachtet oder mit seiner Cousine Dora gespielt, die später in seinem Kinderbuch »Pünktchen und Anton« eine der Hauptfiguren wurde. Heute ist hier das Erich Kästner Museum untergebracht. Egal, wo Kästner sich später aufhielt – ob zum Studium in Leipzig oder in Berlin bzw. in München –, an Dresden hing sein Herz. Das Viertel, in dem er aufgewachsen war, empfand er als prägend: »Und ich selber bin, was sonst ich auch wurde, eines immer geblieben: Ein Kind der Königsbrücker Strasse.« Dabei gab es hier auch viele dunkle Stunden für ihn. Denn die Hingabe, mit der seine Mutter Ida für ihn sorgte, wurde zu einer Belastung für beide. Oft fühlte sich die Mutter überfordert und trug sich mit Selbstmordgedanken. Dann schrieb sie Abschiedsbriefe und verschwand. Kästner fand sie stets wieder – auf einer der Elbbrücken stehend und ins Wasser starrend. Während der Bombardierung Dresdens im Zweiten Weltkrieg war er mit seinen Sorgen um die Eltern allein, in einem Luftschutzkeller in Berlin. Die Eltern überlebten; doch als Kästner nach Dresden zurückkehrte, war dort nichts mehr, wie er es kannte.

BEI EINEM RUNDGANG bekommt man einen Eindruck von Kästners Kindheit, wenngleich in die Viertel mittlerweile ein ganz anderes Leben eingezogen ist. »Ich durfte die Schönheit einatmen, wie Försterkinder die Waldluft«, schrieb Kästner (1899–1974) in seiner Biografie über Dresden. Doch die Schönheit lag nicht vor seiner Haustür. Nicht in der Königsbrücker Straße 66, wo er geboren wurde und lediglich eine Gedenktafel an den Schriftsteller erinnert, nicht in der Nr. 38 und auch nicht in der Nr. 48, wo er seine Kindheit verlebte. Hier waren die kleinen Leute zu Hause wie sein Vater Emil, der als selbstständiger Sattlermeister nicht existieren konnte und sich als Facharbeiter in einer Kofferfabrik verdingen musste. Heute haben sich hier etliche Kettenläden, Rechtsanwälte und Architekten angesiedelt. Die Häuser sind weitgehend saniert, die einstigen Anarcho-Bewohner mehr oder weniger verschwunden. Die Kneipe, in die Erich Kästner als kleiner Junge zum Bier holen geschickt wurde, ist heute ein Schnellimbiss, und den Blumenladen Stamnitz in der Louisenstraße haben zwei junge Floristinnen übernommen. Aus der Kaserne an der Königsbrücker Straße kommen Radio- und Fernsehsendungen des Mitteldeutschen Rundfunks, und das Viertel rund um die Hechtstraße hat zwar noch viel von seiner Kleine-Leute-Atmosphäre, zieht aber auch verstärkt Künstler an.

ADRESSEN & INTERNET
Erich Kästner Museum Dresden, Antonstraße 1, www.erich-kaestner-museum.de

»PÜNKTCHEN UND ANTON« – das Kinderbuch mit Tiefgang ist ein Klassiker aus Kästners Feder. Es wurde nicht nur mehrfach verfilmt, es gibt auch eine Comic- und eine Opernfassung.

DAS ERICH KÄSTNER MUSEUM eröffnet seinen Besuchern mit einem neuartigen Konzept ganz individuelle Einblicke in die Persönlichkeit und das Schaffen des Schriftstellers. Anfassen erlaubt!

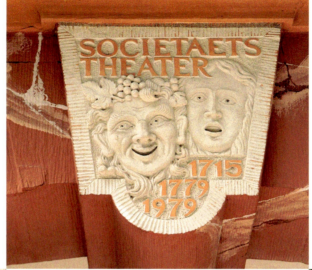

DAS SOCIETAETS-THEATER blickt auf eine bewegte Vergangenheit zurück. Bereits seit 1779 logiert es in einem Innenhof der Hauptstraße im Barockviertel – in einem ehemaligen Gartengebäude.

WEGEN DES BAUS der Waldschlösschenbrücke bekamen sich nicht nur Dresdner in die Haare. Das »Brauhaus am Waldschlösschen« hingegen ist eine Institution und über jeden Zweifel erhaben.

DIE LOUISENSTRASSE in der Äußeren Neustadt ist eine der Hauptschlagadern des Viertels. Neben ein paar flippigen Läden gibt es hier auch Restaurants und Cafés.

EINST GEHÖRTE die Villa Augustin am Albertplatz dem Onkel Erich Kästners – heute steht das Museum im denkmalgeschützten Haus ganz im Zeichen des berühmten Sohns der Neustadt.

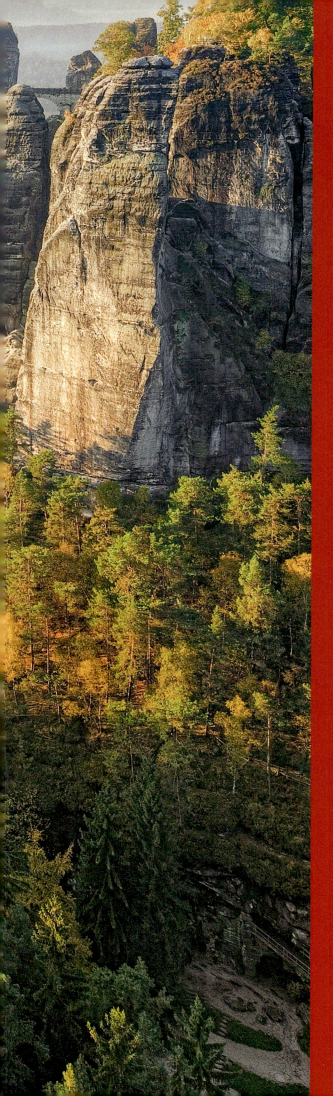

SÄCHSISCHE SCHWEIZ UND ELBLAND

Beim Aufstieg in den bizarren Felsformationen kann man schon aus der Puste kommen. Doch die Mühen werden mit grandiosen Panoramen belohnt. Wer zur Ruhe kommen will, der ist im Naturpark Sächsische Schweiz am richtigen Ort. Grün und Blau sind die Farben des Elblandes. Zwischen blauem Himmel und blauen Band der Elbe leuchten grün die Berge und Hänge, an denen wunderbar Weinreben gedeihen. Zu Füßen des Meißner Burgbergs werden Kunstwerke aus Porzellan geschaffen.

ÜBER MILLIONEN VON JAHREN formten Erosionen die schroffen Gebilde des Elbsandsteingebirges. Die beeindruckende Landschaft mit ihren urwüchsigen Wäldern und grünen Tälern wurde nach ihrer Entdeckung als Touristenziel im 19. Jahrhundert als »Sächsische Schweiz« berühmt.

DIE FELSNADELN des Elbsandsteingebirges sind eine Herausforderung für Kletterkünstler. Wer mit den Füßen lieber auf dem Boden bleibt, entscheidet sich für einen der zahlreichen markierten Wanderwege in der Sächsischen Schweiz.

NATURERLEBNIS SÄCHSISCHE SCHWEIZ

Wer heutzutage nach dem »Meißner Hochland« fragt, wird nur Schulterzucken ernten. Tatsächlich hatte das Elbsandsteingebirge lange Zeit keinen anderen Namen. Erst die Schweizer Maler Adrian Zingg und Anton Graff hatten anno 1766 ihr Déjà-vu-Erlebnis und grüßten per Postkarte aus der ›Sächsischen Schweiz‹ in die Heimat. Ob sie wussten, dass die Alpen 70 Millionen Jahre jünger sind als der Sandstein an der Elbe?

BAUSTOFF DES BAROCK Morgens früh, wenn Nebelschwaden den Blick auf die grünen Gründe verhängen, bekommt man eine Ahnung von den Zusammenhängen. Wie ein Meer umspielen die Wolken die Sandsteinformationen. Und tatsächlich gab es hier in der Kreidezeit nur Wasser. Als es sich zurückzog, härtete der Boden aus und die Kräfte der Natur modellierten mit Frost und Hitze, Wind und Regen die Landschaft. Kunstfertige Steinmetze und Baumeister wussten den Rohstoff aus der Sächsischen Schweiz zu nutzen. Nicht nur das alte Dresden und viele Portale an barocken Bürgerhäusern überall in Sachsen sind aus Sandstein. Auch für das Königsschloss in Kopenhagen, das Rathaus von Antwerpen und das Brandenburger Tor in Berlin kam das Baumaterial aus dem Elbsandsteingebirge. Und als die Künstler der Romantik in ihrer schwärmerischen Suche nach Naturerlebnissen den wilden Teil des Elbtals entdeckten, begannen auch Touristen sich dafür zu interessieren.

WIE IN ITALIEN Pirnas fein herausgeputzte Bürgerhäuser mit Renaissancegiebeln und Barockportalen sehen noch immer so aus, wie Bernardo Belotto »Canaletto« sie in seiner berühmten Stadtansicht gemalt hat. Man gibt sich in der gemütlichen Stadt gern Vergnügungen hin. Mit Gauklern und Feuerspuckern beispielsweise bei der »Pirnaer

Hofnacht« im August, wenn in den Hinterhöfen bei Kerzenschein die Musik aufspielt.

GEHEIMNISVOLLE KULISSE Der berühmte Basteifelsen mit der traumhaften Aussicht über das Elbtal ist das Aushängeschild der Sächsischen Schweiz. Vom Kurort Rathen ist der Aufstieg zur 200 Meter höher gelegenen Basteibrücke in einer guten halben Stunde geschafft. Abenteuerlich wird der Abstieg über die sogenannten Schwedenlöcher, einen Canyon, in dem sich während des Dreißigjährigen Krieges Bewohner der umliegenden Ortschaften vor den anrückenden schwedischen Truppen in Sicherheit gebracht hatten. Treppen und Stiegen führen durch enge Schluchten weiter zum Amselsee.

STILLES PARADIES Ein weißer Blütenteppich aus Märzenbechern zieht sich im Frühjahr bei Hohnstein durch das Tal der Polenz. Wie hier kommt auf insgesamt 275 Quadratkilometern die Natur im Elbsandsteingebirge zu ihrem Recht. Das Landschaftsschutzgebiet besteht zu beinahe 60 Prozent aus Wäldern, in denen sich zahlreiche Tier- und Pflanzenarten angesiedelt haben. Lurche und Erdkröten schätzen die feuchten Gründe, Kreuzottern und Ringelnattern schlängeln sich durch den Urwald und auf den Sandsteinfelsen haben Wanderfalken, Uhus und Kolkraben ihre sicheren Nistplätze.

UNEINNEHMBARE FESTUNG Hoch oben auf dem Tafelberg liegt die Festung Königstein. Uneinnehmbar blieb sie über Jahrhunderte,

CHARMANTES KLEINSTADTFLAIR: Im abendlichen Licht strahlen die fein herausgeputzten Barock- und Renaissancebauten am Pirnaer Marktplatz.

war Zuflucht für den sächsischen Königshof und während des Siebenjährigen Krieges Lager für Staatsschätze und die wertvollen Kunstsammlungen. Weniger angenehm war der Ort als Staatsgefängnis. Neben vielen Ungenannten saßen hier der Alchemist Johann Friedrich Böttger, weil es ihm nicht gelingen wollte, für seinen Fürsten Gold herzustellen, im 19. Jahrhundert der Anarchist Michail Bakunin und auch der Sozialdemokrat August Bebel.

FELSEN UND SCHLUCHTEN Passionierte Wanderer und Kletterer bevorzugen die Hintere Sächsische Schweiz, die sich von Bad Schandau im Kirnitzschtal bis Sebnitz erstreckt. Weit ab vom Touristenstrom können sie hier die Natur in vollen Zügen genießen. Fantasievolle Namen haben die Einheimischen den Felsformationen gegeben: Großvaterstuhl, Teufelsturm, Affensteine. Der Kuhstall ist ein elf Meter hohes, 17 Meter breites und 24 Meter tiefes Felsentor auf dem Neuen Wildenstein. Die Aussichtsterrasse bietet einen weiten Blick zu den Kletterfelsen der Hinteren Sächsischen Schweiz. Weniger schweißtreibend ist die Fahrt mit der Kirnitzschtalbahn. Seit 1898 verkehrt die Straßenbahn auf dieser Strecke durch das lauschig bewaldete Tal. In Hinterhermsdorf mit seinen alten Umgebindehäusern ist man der tschechischen Grenze bereits ganz nah. Herrlich kühl ist es im Sommer in der wild-romantischen Kirnitzschklamm – mit dem Kahn kommt man Farnen, Moosen und Flechten ganz nah.

EINMAL UNTERTAUCHEN, bitte! So entspannt man vor den Toren Dresdens: Im Liquid Sound Temple der Therme in Bad Schandau kann man sich Unterwasser-Sounds und Lichtinstallationen hingeben.

SÄCHSISCHE SCHWEIZ UND ELBLAND | 123

ELBABWÄRTS ZUM SÜSSEN LEBEN

GEOGRAFISCH BETRACHTET beginnt das Paradies für Genießer am 51. nördlichen Breitengrad. Die Sächsische Weinstraße schlängelt sich im Gebiet um Radebeul und Meißen von einem Höhepunkt zum nächsten. Das ›weiße Gold‹ wird in der Meißner Porzellanmanufaktur zu kunstvollen Figuren und Tafelgeschirren verarbeitet. Auch im Jagdschloss Moritzburg ziert es die Tische.

SACHSENS NIZZA Wenn die Sonne scheint, leuchten die barocken Kleinodien vor grünem Hintergrund. Und Schloss Wackerbarth und das Spitzhaus hoch oben auf den Hängen der Lößnitz bei Radebeul leuchten oft, wird das Elbtal doch von 1600 Stunden Sonnenschein im Jahr verwöhnt. Mediterranes Klima und die grandiose Aussicht von den Weinbergen entfalteten schon im 19. Jahrhundert ihre Anziehungskraft auf Millionäre. Als die Reblaus großflächig die Weinstöcke vernichtete, bauten sich reiche Beamte und Fabrikanten stolze Villen in die günstig erworbenen Hänge.

SACHSENS KAPITAL Ein handfester Bruderzwist war Ursache dafür, dass Meißen nicht Hauptstadt wurde. Denn ursprünglich wollten die Brüder Ernst und Albrecht aus dem Hause Wettin vom Burgberg über der Stadt aus ganz Sachsen und Thüringen zu Glanz und Wohlstand führen. Doch dann zerstritten sie sich, teilten 1485 ihr Herrschaftsgebiet auf, und die Burg verlor ihre Bedeutung, obwohl gerade in ein ansehnliches Schloss mit herrlichen Sterngewölben verwandelt.

JAGDSCHLOSS MIT LEUCHTTURM Eine Oase der Stille ist der ausgedehnte Friedewald bei Moritzburg. Das war nicht immer so, beliebten doch kurfürstliche Jagdgesellschaften hier ihre Trophäen abzuschießen, die heute im Schloss Moritzburg zu bewundern sind. Ob ein Prunkbett mit Vorhängen aus zwei Millionen farbigen Vogelfedern oder ganze Fregatten, die auf dem Moritzburger Schlossteich schwammen – für August den Starken und seine Erben durfte alles gerne eine Nummer größer und kostbarer sein. Hinter dem niedlichen Leuchtturm am Schlosshafen liegt das Fasanenschlösschen, ein zauberhaftes Refugium, das auf wenigen Quadratmetern die ganze Pracht des sächsischen Hofes entfaltet.

EIN MONUMENT VALLEY in Grün und Blau. Die Tafelberge in der Sächsischen Schweiz sind die Höhepunkte einer spektakulären Landschaft. Der Lilienstein mit seiner markanten Silhouette liegt als einziger dieser Tafelberge auf der rechtselbischen Seite.

OBEN | AN STEIL AUFRAGENDEN FELSEN vorbei schlängelt sich die Elbe durch das Elbsandsteingebirge weiter Richtung Meißen. Auf dem Weg wandelt sich das Bild und an ihren Ufern ziehen sich Weinberge entlang. RECHTS | AUSDRUCK PURER LEBENSFREUDE Zwischen fröhlichen Putten lässt es sich im Barockgarten von Großsedlitz noch wie im 18. Jahrhundert lustwandeln.

OBEN | HOHNSTEIN in der Sächsischen Schweiz. In dem beschaulichen Ort verlieh Max Jacob dem Star aller Puppenbühnen sein unverwechselbares Gesicht – dem Hohnsteiner Kasper. UNTEN | DIE BASTEIFELSEN mit ihrem Brückenviadukt sind die Hauptattraktion des Elbsandsteingebirges, der Besucherstrom reißt dementsprechend kaum einmal ab. RECHTS | UM MANCHE ÜBERWÄLTIGENDE AUSSICHT genießen zu können, muss man schon gut zu Fuß sein – Schwindelfreie sind klar im Vorteil.

OBEN | DURCH DIESE HOHLE GASSE muss er kommen ... Das trifft in der Sächsischen Schweiz oft zu: Steile Treppen und Stiegen führen durch die engen Felsspalten, wie hier am Gorischstein. RECHTS | DOCH DIE WACKEREN WANDERSLEUT' werden für ihre Mühen stets belohnt. So auch im Schrammstein-Gebiet, wo die spektakulären Felsformationen immer wieder neue Perspektiven eröffnen.

OBEN | UNTERWEGS AUF DEM ELBERADWEG bieten sich auf dem Weg nach Meißen zahlreiche Möglichkeiten, die Aussicht zu genießen.
LINKS | ZUM BEISPIEL BEI EINEM STOPP am Spitzhaus in der Lößnitz bei Radebeul. Wenn man zum Aufstieg die 397 Stufen der Spitzhaustreppe durch die Weinberge geschafft hat, schmeckt der Wein gleich noch mal so gut.

OBEN I MITTELALTERLICHE KUNSTSCHÄTZE auf der Meißner Albrechtsburg. Doch das ist bei Weitem nicht alles: Im Dom gibt es noch viel mehr davon. UNTEN I ANZIEHUNGSPUNKT FÜR LIEBHABER des ›Weißen Goldes‹: Die Schauhalle der Meißner Porzellanmanufaktur. Auch in heutigen Tagen wird hier weiterhin produziert. RECHTS I DAS STATTLICHE BAROCKE JAGDSCHLOSS VON MORITZBURG liegt inmitten eines großen Teiches. Filmfans wird es bekannt vorkommen: Der DEFA-Märchenklassiker »Drei Haselnüsse für Aschenbrödel« wurde zum Teil hier gedreht.

SCHLICHTHEIT, die von einer langen Tradition kündet: Die gekreuzten blauen Schwerter sind seit 1722 das Markenzeichen des Meissener Porzellans.

EIN EXPORTSCHLAGER war das Meissener Porzellan schon im 18. Jahrhundert. Bis heute sind die alten Formen in aller Welt begehrt.

DIE SCHAUHALLE der Manufaktur bietet den zerbrechlichen Kunstwerken einen passenden Rahmen.

MIT RUHIGER HAND geben die Porzellanmalerinnen in stundenlanger Feinarbeit den wertvollen Figuren ein Gesicht.

WEISSES GOLD

AUGUST DER STARKE erschien das abgelegene Gemäuer der Meißner Albrechtsburg als rechter, weil sicherer Ort für ein geheimes Unternehmen. Kein Staatsgast in der fernen Dresdner Residenz ahnte, dass hier, gleich neben Dom und Bischofsburg, ›weißes Gold‹ zu zart-zerbrechlichen Pretiosen geformt wurde. »Thu mir zurecht, Böttger, sonst lass ich Dich hängen«, hatte der Herrscher Sachsens dem großmäuligen Apothekerlehrling in seinem Labor auf der Dresdner Jungfernbastei noch auf den Weg gegeben und ihn zu einem lebenden Staatsgeheimnis gemacht. Reines Gold wollte sich zwar nicht einstellen, ›weißes‹ wurde es 1708 nach mühevollem Laborieren immerhin. Über 150 Jahre lang war die Albrechtsburg Sitz der Meißner Porzellan-Manufaktur, die bis in die heutige Zeit ein Synonym für Sachsens Glanzzeit ist.

AUGUST DER STARKE als König August II. von Polen. Louis de Silvestre malte ihn als stolzen Herrscher hoch zu Ross. Mit der Erfindung des kostbaren Porzellans mehrte er seinen Ruhm und füllte die königliche Schatulle.

JAHRHUNDERTEALTE MAUERN

Auf einem Basaltkegel an der Grenze zwischen Lausitzer Granitplatte und Elbsandsteingebirge liegt Stolpen. Die mittelalterliche Bischofsburg wurde später Landesfestung und war 49 Jahre lang Verbannungsort für die Gräfin Cosel, der einstigen Mätresse Augusts des Starken.

DUMONT EXTRA

SÄCHSISCH-BÖHMISCHE SCHWEIZ

GRENZENLOS UNTERWEGS

DIE ELBE BLEIBT dieselbe und auch die spektakuläre Landschaft aus Wäldern und Sandsteinfelsen macht sich nichts aus Grenzsteinen. Mittlerweile passen sich auch die Menschen den Gegebenheiten an und überwinden die Grenzen zwischen Sachsen und Böhmen.

DIE LANDSCHAFT macht keine Unterschiede und auch im nachbarschaftlichen Miteinander sollen Trennungen überwunden werden. Hier Elbe, dort Labe – auf und neben dem Fluss kommen sich Deutsche und Tschechen seit dem Wegfall der Grenzkontrollen näher. Die Verkehrswege werden ständig verbessert und der öffentliche Nahverkehr funktioniert recht unkompliziert.

WENN IN DEN SUDETEN das Eis schmilzt, wird es den Bewohnern in der Sächsischen Schweiz und weiter unten an der Elbe in Dresden leicht mulmig zumute. Denn das von Mittelgebirgen umschlossene Böhmen wird einzig durch die Elbe zur Nordsee hin entwässert. Die Täler am Oberlauf in der Böhmisch-Sächsischen Schweiz bieten wenig Auffangflächen für größere Wassermengen. 24 Staustufen regulieren die Elbe auf tschechischem Gebiet und bieten so auch einen Schutz gegen das gefürchtete Hochwasser. Aber auch bei Trockenheit sind sie den deutschen Nachbarn durchaus von Nutzen. Wenn zur traditionellen Dampferparade am 1. Mai in Dresden Niedrigwasser herrscht, zeigt sich die Talsperrenverwaltung in Böhmen kulant. Dann werden die Schleusen geöffnet, damit die Weiße Flotte ablegen kann. Prekär wird es für das nachbarschaftliche Verhältnis allerdings, wenn wirtschaftliche Interessen ins Spiel kommen. Die Sachsen betrachten die Elbe eher als eine Art Freizeittreff für Touristen, Wassersportler und Angler. Lange genug war die Elbe verdreckt – jetzt sollen sich Fauna und Flora hier entfalten können. Für Tschechien ist der Strom ein Transportweg; Eingriffe in ihren natürlichen Lauf sollen dem Schiffsverkehr dienen. Das ruft auf deutscher Seite immer wieder Naturschützer auf den Plan.

VIELE WEGE ZUM NACHBARN Konfliktfreier verläuft die Kooperation im Tourismus. Hier haben die tschechischen Behörden einiges unternommen, um Besucher über die offenen Grenzen zu locken. Wer auf dem Elberadweg unterwegs ist, kann noch 370 Kilometer auf tschechischem Gebiet bis zur Elbquelle im Riesengebirge strampeln. Bequemer reist es sich mit Bus und Bahn.

NATUR ALS EINHEIT Die Sächsische Schweiz ist seit 1956 Landschaftsschutzgebiet, ein 93 Quadratkilometer großes Gebiet seit 1990 Nationalpark. Beim tschechischen Nachbarn hat man gleiche Vorkehrungen zum Schutz der einmaligen Felsenlandschaft getroffen. Die gesamte Böhmische Schweiz steht seit 1972 unter Landschaftsschutz, ihr rechtselbischer Teil ist seit 2000 Nationalpark. Weil die Natur keine Grenzen kennt, wollen auch die Naturschutzorganisationen und Tourismusverbände zusammenarbeiten. Ihnen geht die Bezeichnung »Sächsisch-Böhmische Schweiz« bereits wie selbstverständlich über die Lippen. Den sanften Tourismus unterstützen Wander- und Radwanderkarten für die Sächsisch-Böhmische Schweiz sowie ein gemeinsamer Internetauftritt und Informationstafeln in den Naturschutzgebieten.

IN DEN URWÜCHSIGEN WÄLDERN der Sächsisch-Böhmischen Schweiz gibt es einen großen Artenreichtum. Hier fühlt sich neben vielen anderen seltenen Tieren auch der Luchs zu Hause.

INTERNET
www.saechsisch-boehmische-schweiz.de
www.saechsische-schweiz.de

REGISTER

A
Albertbrücke 109
Albertinum 27, **46/47**, 51, **66**, **67**, 67
Albertplatz 97, **104**, 111
Alte Meister, s. Gemäldegalerie Alte Meister
Altmarkt 30
Altmarktgalerie **31**
Asisi-Panometer 24
August der Starke 30, 44, 49, 50, 61, 73, 75, 87, 97, 98, **100/101**, 124, **137**, 137, 139
Äußere Neustadt 97, **106/107**, 111, 117

B
Bad Schandau **123**, 123
Barockgarten Großsedlitz **127**
Barockviertel 97, **105**, 111
Bastei 122, **128**
Blasewitz 86
Blaues Wunder **85**, 86, **90/91**
Böttger, Johann Friedrich 123, **137**
Brauhaus am Waldschlösschen **117**
Brühlsche Terrasse 10/11, **22/23**, 27, **56/57**
Bürgerwiese **70/71**

C
Carolabrücke **78/79**

D
Deutsches Hygiene-Museum **62**, 65

E
Elberadweg **85**, **133**, 142
Elbsandsteingebirge **20/21**, 119, 121, 121, 122, **126**, 129, **138/139**
Elbschlösser **92/93**
Erich Kästner Museum **114**, 115, **117**
Europäisches Zentrum der Künste 76

F
Festspielhaus Hellerau 76
Festung Königstein 122, **125**

Frauenkirche **10/11**, 26, **34**, **35**, **36**, 37
Friedrich August I., s. August der Starke
Friedrich August II. 30, 51
Friedrich August III. 52
Fürstenzug 52, **53**

G
Gartenstadt Hellerau, s. Hellerau
Gemäldegalerie Alte Meister **14/15**, 51, 61
Gläserne Manufaktur **16/17**, **82/83**
Goldener Reiter 97, **100/101**
Gorischstein **130**
Großer Garten 73

H
Hellerau 76
Hofkirche **10/11**, 30
Hohnstein 122, **128**
Hygiene-Museum, s. Deutsches Hygiene-Museum

I
Innere Neustadt 97, **111**
Internationales Congress Center **8/9**

J
Japanisches Palais **98**

K
Kästner, Erich 97, **115**
König Johann (Reiterstandbild), siehe Reiterstandbild
Königsbrücker Straße 116
Königstein, s. Festung Königstein
Königstraße **98**, **105**, 111
Kreuzkirche 58
Kulturzentrum Scheune **108**
Kunstakademie **10/11**, 27, **29**, 52, **56/57**
Kunsthalle im Lipsiusbau, s. Lipsiusbau
Kunsthandwerkerpassage **111**
Kunsthofpassage **95**, 99, **112/113**

L
Lingnerschloss **92/93**
Lipsiusbau 52, **56/57**
Loschwitz 74, 81
Loschwitzer Brücke, s. Blaues Wunder
Loschwitzer Elbhänge **74**, 75
Louisenstraße (Äußere Neustadt) **117**
Luther-Denkmal 36

M
Meißen 124
- Albrechtsburg **134**, 137
- Porzellanmanufaktur **134**, **136**, 137
Moritzburg 124
Mozartbrunnen **70/71**

N
Neue Synagoge 27, **28**
Neues Grünes Gewölbe 49
Neues Rathaus 28
Neumarkt 36, **37**
Neustädter Elbufer **109**

O
Ostrale 68, **69**

P
Palaisplatz **98**
Pfundts Molkerei **102/103**
Pillnitz, s. Schloss Pillnitz
Pirna 121, **122**
Pöppelmann, Matthäus Daniel 44, 60, 61
Prager Straße 26, 30, **38**, **39**

Q
Quartier an der Frauenkirche (QF) **36**

R
Radebeul 124
- Spitzhaus (Radebeul) **132**
Reiterstandbild König Johann 30, **32/33**
Residenzschloss **10/11**, 25, **49**, 49

S
Sächsisch-Böhmische Schweiz **141**, 142
Sächsische Schweiz **20/21**, 119, 121, 121, 125, 141, 142
Sächsische Staatskapelle 54
Schauspielhaus (Staatsschauspiel) **59**
Scheune, s. Kulturzentrum Scheune
Schloss Moritzburg **135**
Schloss Pillnitz **72**, 75, **87**, **88**, **89**, 89
- Wasserpalais **88**, **89**
Schrammsteine **128**
Semper, Gottfried 25, **29**, 61
Semperoper **12/13**, 25, **32/33**, 54
Societätstheater 111, **117**
Staatsschauspiel, s. Schauspielhaus
Stolpen (Burg) **138/139**
Strauss, Richard **12/13**, 52, 54, 74
Striezelmarkt **43**

T
Theaterplatz 30, **32/33**
Türckische Cammer 50, **51**

V
Villa Augustin, s. Erich Kästner Museum
Villa Marie **86**
VW-Manufaktur, s. Gläserne Manufaktur

W
Wagner, Richard, 52, 54
Weiße Gasse **37**
Weißer Hirsch **74**

Y
Yenidze **40/41**, 64

Z
Zwinger **5**, 27, **50**, **60**, **61**, 61

IMPRESSUM | BILDNACHWEIS

KONZEPT, GESTALTUNG
Grubbe Media GmbH | agenten.und.freunde, München

BILDREDAKTION
Susanne Troll, Köln

ART DIREKTION
Iris Streck, München

PRODUCING
Hans-Joachim Schneider, Köln

TEXTE
Astrid Pawassar

PREPRESS
PPP, Pre Print Partner GmbH & Co KG, Köln

Genehmigte Sonderausgabe für Verlagsgruppe Weltbild GmbH
Steinerne Furt, 86167 Augsburg

Copyright © 2012 DuMont Reiseverlag, Ostfildern
Alle Rechte vorbehalten. Alle Angaben ohne Gewähr.

Printed in Germany
ISBN 978-3-7701-9881-8

Einkaufen im Internet:
www.weltbild.de

EXKLUSIVFOTOGRAFIE
Ernst Wrba / DuMont Bildarchiv
Martin Kirchner / DuMont Bildarchiv

UMSCHLAG
Vorderseite: Frauenkirche, **Look** / age fotostock
Rückseite: Sächsische Schweiz, **Mauritius** / Kerstin Layer

WEITERES BILDMATERIAL
Agentur Bilderberg / Boettcher: S. 60 u.; Heimann: S. 8/9; Jakob: S. 108
Bildagentur Huber / Kaos: S. 50; Schmid: S. 2 r., 7 u., 118/119, 128 o., 140
Sylvio Dittrich / S. 3 u. l., 18/19, 42, 100/101, 104 o.
Getty Images / National Geographic Creative: S. 143
Frank Grätz / S. 36 o., 36 u. l., 38, 51, 55, 62 u., 63, 85, 92/93, 105, 110 u. M., 114
Laif / Babovic: S. 28 o.; Glaescher: S. 65; hemis.fr / Mattes: S. 27, 60 o.; hemis.fr / Rabouan: S. 99, 104 u., 134 o.; Jehnichen: S. 136 o.; Jonkmanns: S. 43; Kaiser: S. 129; Kirchner: S. 26, 133; Lengler: S. 74, 77, 80, 81; Linkel: S. 96, 110 o., 110 u. l.; Poolima / Huthmacher: S. 66, 67; Westrich: S. 4; Zinn: S. 3 u. r., 7 M. l., 46/47
Look / age fotostock: S. 56/57; van Dierendonck: S. 120, 123; von Felbert: S. 35, 135; Zielske: S. 7 M. r., 10/11, 12/13, 16/17, 20/21, 22/23, 32/33, 88 u. r., 117 o. l., 117 o. r., 117 u. M., 125, 126, 134 u., 136 u. M.
Mauritius / Alamy: S. 84, 130; Beck: S. 36 u. r.; Blume Bild: S. 62 o.; imagebroker / Dieterich: S. 82/83, 136 u. l.; imagebroker / Eckert: S. 69; imagebroker / Hanke: S. 132; imagebroker / Kraft: S. 34; imagebroker / Meyer: S. 117 o. M.; imagebroker / Stadler: S. 106/107; imagebroker / Weber: S. 89; imagebroker / Wrba: S. 31, 88 u.l.; Katzer: S. 45; Layer: S. 141; Mattes: S. 36 u. M.; Röder: S. 98; Rosing: S. 131
picture alliance / akg-images: S. 137; Simon: S. 115
Schapowalow / SIME / Kaos03: S. 3 o. r., 14/15, 75
White Star / Frei: S. 40/41